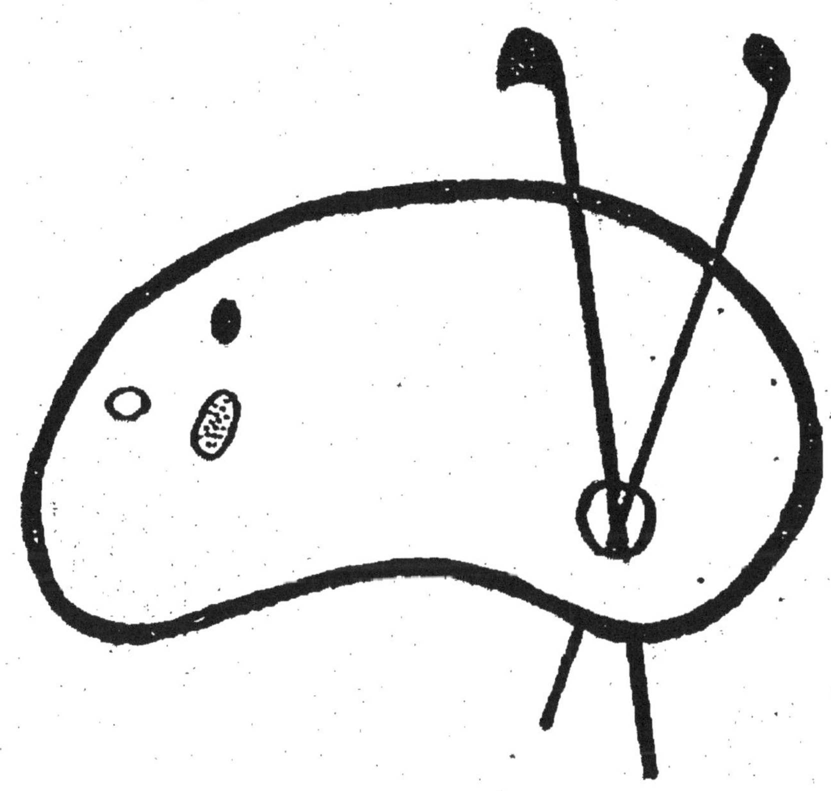

DEBUT D'UNE SERIE DE DOCUMENTS
EN COULEUR

8

DÉPOT LÉGAL
Seine-et-Oise
N° 1000
1883

FAUT-IL CR IRE AUX PROPHÉTIES POLITIQUES?

EXAMEN CRITIQUE DE LA QUESTION

PAR

Le Comte René d'Orfeuille

Sujets discutés : L'avenir d'après les prophéties des saints : S. Remi, Ste Hildegarde, la Bse Marguerite-Marie, le curé d'Ars, Elisabeth Canori-Mora, etc.

—

Supercheries et Satanisme : Prophéties dites de S. Malachie, d'Orval. Le Grand Pape et le Grand Roi. Stigmatisées suspectes. Martin de Gallardon. Les Faux-Dauphins, etc.

H. OUDIN ET Cie ÉDITEURS

PARIS, 51, RUE BONAPARTE | POITIERS, 4, RUE DE L'ÉPERON

1883

57/6

VERSAILLES. — L. RONCE, IMPRIMEUR
Rue du Potager, 9.

FAUT-IL CROIRE

AUX

PROPHÉTIES POLITIQUES?

Lb57
8487

VERSAILLES. — L. RONCE, IMPRIMEUR
Rue du Potager, 9.

FAUT-IL CR[illegible]E

…OT LÉGAL
Seine-et-Oise
№
1883

AUX

PROPHÉTIES POLITIQUES?

EXAMEN CRITIQUE DE LA QUESTION

PAR

LE COMTE RENÉ D'ORFEUILLE

Sujets discutés : L'avenir d'après les prophéties des saints : S. Remi, Ste Hildegarde, la B[se] Marguerite-Marie, le curé d'Ars, Élisabeth Canori-Mora, etc.

—

Supercheries et Satanisme : Prophéties dites de S. Malachie, d'Orval. Le Grand Pape et le Grand Roi. Stigmatisées suspectes. Martin de Gallardon. Les Faux-Dauphins, etc.

H. OUDIN ET Cie ÉDITEURS

PARIS	POITIERS
51, RUE BONAPARTE	4, RUE DE L'ÉPERON

1883

Il y a douze ans, quand la France écrasée semblait presque morte, on vit, on s'en souvient, apparaître un vrai déluge de prophéties. C'était à qui décrirait le lendemain avec le plus de détails. Les esprits faibles, les cerveaux malades, les natures par trop nerveuses, furent tout naturellement les plus crédules ; à l'instar de ce qui arrive chez les peuples malheureux, on était à la recherche de consolations et d'espérances, bref tous nous entendîmes alors dans les salons français des conversations qui n'eurent pas étonné les aliénés de Charenton.

Chacun avait son texte sur parchemin plus ou moins jauni, sur papier toujours authentique, et il était clair qu'après l'incendie et la destruction prochaine de Paris, le Grand Monarque contemporain du Grand Pape allait venir nous sauver.

Puis, rien ne se réalisant, les dupés crièrent sus aux dupeurs et finalement les seuls qui recueillirent quelque chose de tout cela furent les habiles qui avaient eu le talent de trouver matière à bon succès de librairie.

Quoi d'étonnant à une époque où les soi-disant convictions servent d'enseigne aux maisons de banque ?

Donc à l'engouement succéda le scepticisme,

et, si aujourd'hui nous posons cette question Y A-T-IL DES PROPHÉTIES POLITIQUES ? *Nous ne saurions nous dissimuler que nous allons exciter les sourires de beaucoup de gens incrédules ou même « bien pensants », nés avec un bonnet de docteur, ce qui les a dispensés de toute étude. Ils sont du reste trop sérieux pour croire à ce qu'ils affirmaient naguère.*

Et cependant la question semble intéressante, ne serait-ce qu'au point de vue de la critique historique.

D'un autre côté, fouiller le galimatias des prophéties est une tâche assez longue, et, pour traiter le sujet, il faudrait un in-folio que le public, en proie aujourd'hui à je ne sais quelle fièvre, ne lirait pas à coup sûr.

Nous nous sommes donc décidés, pensant que cela est utile à l'heure présente, à écrire un simple petit volume le plus court possible.

Mettant le pied sur le terrain périlleux de la Mystique divine et diabolique, nous nous souviendrons que nous sommes avant tout catholique et nous désirons ne pas prononcer une syllabe en contradiction avec l'enseignement de la Sainte Eglise Romaine. Nous espérons y arriver, car nos idées sont aussi celles d'un érudit, savant théologien, que sa modestie nous empêche de nommer, mais qui est notre maître et dont les enseignements nous ont depuis longtemps guidés dans cette périlleuse étude.

Réfuter le mensonge et dévoiler les jongleries est, croyons-nous, rendre un vrai service à la cause de la religion.

Heureux également, si, à la veille des grandes crises, nous pouvons ranimer ceux qui, découragés, ne croient plus ni n'espèrent, montrer le bras de Dieu soutenant la Maison de France, née au baptistère de Reims, pour se perpétuer jusqu'à la fin des temps, et finalement faire voir que si, comme nous le croyons, Dieu a permis de soulever un coin de l'avenir, cette vision promet encore de beaux jours non seulement à l'Eglise, mais encore à notre chère patrie.

Un jour, le grand persécuté de ce siècle, Mgr Mermillod, disait devant nous n'avoir jamais vu fructifier un saule pleureur.

Eh bien! à cette heure, on pleure trop et alors on n'agit plus.

Rendre un peu de courage aux chrétiens et aux Français, frappés dans ce qu'ils ont de plus cher, est, il nous semble, un devoir de conscience, une œuvre opportune de la part de celui qui aime son Dieu, son Roi et son pays, et, en l'offrant à tous les hommes de bonne foi sans acception de parti, nous prions le Seigneur de la bénir.

25 Août 1883.

Au moment où je termine la dernière page de ce livre, un voile de deuil couvre la France et mon cœur se brise au souvenir de Celui que j'avais aimé d'un égal amour comme homme et comme Roi.

Mais si mon regret doit être éternel, mes espérances dans l'avenir restent les mêmes et je n'ai pas un *iota* à retrancher de ces pages.

Oui, la France sera sauvée parce que la France ne peut périr. Si Dieu semble aujourd'hui nous frapper, il ne dédaignera ni nos prières ni nos larmes, et à l'heure fixée il voudra bien nous délivrer par l'intermédiaire de cette Maison royale qui n'eut jamais son égale dans l'histoire.

« J'ai monté la garde trente ans aux barrières de l'exil », disait hier un noble cœur, le prince de Valori.

Ces paroles, je puis me les appliquer depuis vingt années, et si ma pensée doit me reporter toujours vers ce prince pour lequel je garderai la fidélité d'outre-tombe, ce sera pour le prier d'obtenir la force si nécessaire à son héritier légitime dans l'œuvre du relèvement national.

Tous, ô mon Roi bien-aimé, nous aiderons selon nos forces Celui qui, sur la poitrine de mourant, fut sacré du sacre de l'exil, et par cette fidélité au principe monarchique les vrais Français sauront prouver au monde qu'ils étaient dignes de leur Henri.

I

Nous ne ferons pas au lecteur l'injure de lui démontrer qu'il existe un Dieu et que ce Dieu, étant infini, connait l'avenir et peut le faire connaître.

Nous ne démontrerons pas, toujours par respect pour autrui, que celui qui fut menteur dès le commencement, le diable, peut obséder et tromper l'homme.

Nous n'avons pas enfin besoin d'ajouter que, parmi tout ce qu'on appelle prophéties, il y a maintes productions de cerveaux détraqués et hallucinés.

De là l'existence : 1° de prophéties divines ; 2° de prophéties sataniques ; 3° de prophéties apocryphes.

Pour les premières, la question est d'autant plus délicate que l'Eglise défend, — on l'oublie trop généralement, — d'appeler révélations divines, celles qu'elle n'a pas déclarées telles. En dehors donc de cette approbation, on ne peut donner, et nous ne donnerons, les prophéties qui paraissent divines que pour ce qu'elles valent.

Quant à la distinction entre les prophéties diaboliques et les simples hallucinations, elle est également fort difficile, car il ne faut jamais oublier qu'une âme très sainte, ayant même été favorisée de révélations célestes, peut être ensuite trompée par le démon ou par ses propres sens.

C'est pour avoir oublié cette règle de critique et de théologie mystique que les éditeurs de prophéties sont tombés si fréquemment dans les erreurs les plus grossières, erreurs qui ont avant tout servi à discréditer les textes les plus sérieux.

II

Parmi ces derniers, il en est un qui, selon nous, réunit tous les caractères de la plus haute gravité. Au point de vue historique il serait téméraire de ne pas l'admettre, et cependant, comme des objections ont pu être faites, nous les exposerons au lecteur, après avoir mis sous ses yeux le document lui-même.

Il s'agit de la prophétie dans laquelle saint Remi, de Reims, révéla et l'avenir de la race royale et celui du peuple français; ce qui a pu justement la faire appeler notre prophétie nationale.

Ecoutons donc purement et simplement le récit d'Hincmar dans la *Vie de saint Remi.*

« Le jour des souffrances de Notre-Seigneur que, dans le langage de l'Eglise, on nomme le Parasceve ou la préparation, la veille par conséquent du jour où le Roi et son peuple devaient recevoir la grâce du baptême, saint Remi et la vénérable Clotilde, femme du Roi, s'en allèrent passer la nuit en prière pour le salut du Roi et de son peuple, l'évêque devant l'autel de l'Eglise Notre-Dame où il versait d'abondantes larmes et la Reine dans l'Oratoire de Saint-Pierre contigu au logement du Roi. Son oraison terminée, le prélat se rendit à la demeure royale et frappa, voulant profiter du calme de la nuit et du repos qu'elle donnait au Roi de tout souci extérieur, pour lui confier avec plus de liberté les secrets enseignements de la parole de Dieu. Les chambellans ouvrent à l'évêque, l'accueillent avec respect et le conduisent, avec les honneurs qui lui sont dûs, jusqu'à la porte des appartements intimes du Roi.

« Celui-ci s'empresse aussitôt de courir au-devant du pontife, il l'embrasse et le suit, accompagné de sa vénérable femme jusqu'à l'Oratoire du bienheureux Pierre, prince des apôtres, contigu, comme on l'a vu plus haut, à la demeure du Roi.

» On apporte des sièges; l'évêque, le Roi et la Reine s'assoient, ayant autour d'eux quelques clercs venus avec l'évêque, ainsi que les familiers du Roi et de la Reine. Cependant le saint prélat prodigue au Roi les salutaires avis et s'efforce de faire pénétrer dans son cœur les enseignements de l'Evangile, quand soudain le Seigneur voulant appuyer ce que le saint évêque disait de la vraie foi et montrer d'une manière sensible la vérité de la promesse qu'il a faite autrefois et qui est pour tous les fidèles : « Partout où il y aura deux ou trois personnes réunies en mon nom je serai au milieu d'elles », l'Eglise se remplit d'une si grande lumière qu'elle semblait mieux éclairée qu'en plein jour et en même temps on entendit une voix qui disait : « *Pax vobis. Ego sum. Nolite timere; manete in dilectione mea.* Que la paix soit avec vous. C'est moi. Ne craignez point. Demeurez dans mon amour. » Ces paroles prononcées, la lumière disparut, laissant à sa place le parfum de senteurs d'une ineffable suavité qui remplit toute l'Eglise, comme une preuve et un indice incontestable de la venue en ces lieux de l'auteur de toute suavité, paix et lumière. Aucun cependant des assistants ne l'avaient vu, éblouis qu'ils étaient par la splendeur de la lumière, excepté le pontife qui resta environné d'une si brillante auréole que les rayons émanés de lui faisaient pâlir la clarté des lampes de l'Oratoire.

« A cette vue le Roi et la Reine se jettent tout effrayés aux pieds du saint prélat et lui demandent d'une voix entrecoupée de soupirs de vouloir bien être leur appui et de leur apprendre ce qui peut leur être le plus utile pour se sauver, bien disposés à écouter docilement et à mettre en pratique tout ce qu'il leur enseignerait. Car la céleste splendeur, qui avait lui autour d'eux, avait aussi pénétré dans leurs cœurs et les avait inclinés à demander de salutaires avis, et, quoique effrayés à la vue de l'éclatante apparition, ils n'en avaient pas moins été remplis de joie en entendant les paroles du Christ. Alors le saint évêque, se sentant rempli de la sagesse d'en haut, leur dit d'abord (ce qu'ils ignoraient) que les visions qui viennent de Dieu et des anges commencent d'ordinaire par effrayer, mais qu'à la crainte succèdent bientôt la joie et la consolation. Il leur montra ensuite par le témoignage des Saintes Écritures comment tous ceux qui autrefois avaient eu de ces sortes de visions en étaient d'abord tout effrayés, mais ne tardaient pas à y trouver les plus douces consolations. Quand ils furent suffisamment instruits au sujet de ces sortes d'opérations divines, le saint parlant avec l'esprit de prophétie, dont il était rempli, leur annonça tout ce qui devait leur arriver à eux et à leur postérité : comment leurs descendants et leurs successeurs étendraient glorieusement les limites de leur empire et le gouverneraient aussi avec beaucoup de gloire, feraient la grandeur de la Sainte Église, possèderaient un jour la dignité et les domaines des empereurs romains et remporteraient toujours la victoire contre les nations étrangères qui les attaqueraient, pourvu toutefois que, ne venant pas à dégénérer de leurs bons commencements, ils n'abandonnassent pas le chemin de la vérité et ne se laissassent pas aller aux vices qui amènent le mépris ou l'abandon de la discipline ecclésiastique, offensent Dieu, renversent les trônes et font passer le sceptre d'une race à une autre. « Cuncta quæ « eis vel semini eorum eventura erant prædixit. Qua- « liter scilicet successura eorum posteritas regnum « esset nobilissima propagatura atque gubernatura et « Sanctam Ecclesiam sublimatura, omnique romana « dignitate regnoque potitura et victorias contra alia- « rum gentium incursus adeptura, nisi forte a bono « degenerantes viam veritatis reliquerint et diversos « vitiorum fuerint secuti anfractus quibus negligi ec- « clesiastica solet disciplina et quibus Deus offendi- « tur ac per hoc regna solent subverti atque de gente « in gentem transferri. (1) »

Tel est ce fameux récit donné aussi presque dans les mêmes termes par Flodoard.

Mais, comme nous l'avons dit, en face du texte écrit par un des successeurs les plus illustres de

(1) *Hincmaris opera. Vita sancti Remigii.* Patrologie de Migne, t. CXXV.

saint Remi, qui, avec sa bonne foi et son exactitude, a recueilli tous les documents écrits et cela dans le pays même où les faits se sont passés, on a imaginé deux objections :

1° Des écrivains ecclésiastiques étrangers n'ont pas admis le fait en question comme une prophétie authentique ;

2° Elle est en contradiction avec une lettre de saint Avit, archevêque de Vienne.

A la première de ces attaques, nous répondrons que des auteurs étrangers n'ont en effet pu accepter de gaîté de cœur un récit faisant de la France le bras droit de l'Eglise ; pas plus qu'il ne soulèvera jamais l'enthousiasme des Français qui, foulant aux pieds les droits de la Maison de France, sont partisans de la République ou de la famille Bonaparte et rêvent pour notre pays le rôle de soldat de la Révolution. Autant vaudrait nier la mission de Jeanne d'Arc parce qu'elle n'est pas admise par les historiens anglais.

L'objection est donc futile, il en est de même de la seconde qui consiste à dire qu'Hincmar s'est trompé en faisant baptiser Clovis aux fêtes de Pâques, parce qu'une lettre de saint Avit place la cérémonie à Noël. On préfère à la tradition même de l'église, où le fait s'est passé, le récit d'un étranger habitant le royaume des Burgondes, qui a ignoré que si Clovis s'est rendu à Reims au mois de décembre, il n'a abjuré ses erreurs qu'à la Pâques suivante.

Vraiment il faut manquer d'arguments pour en inventer de semblables.

En face de telles puérilités, vous avez le témoignage d'un illustre évêque, en même temps savant et homme d'état. Vous avez un signe miraculeux public venant corroborer l'événement de l'Oratoire de saint Pierre, nous voulons dire la colombe apportant du ciel la Sainte Ampoule. Vous avez enfin un fait historique, que la critique la plus sérieuse doit admettre : le pouvoir surnaturel de toucher les écrouelles, pouvoir que nos rois n'ont jamais cessé de posséder.

Et ici nous allons au-devant de l'objection de ceux qui prétendraient que, la prophétie de saint Remi ayant été faite à la race de Clovis, la Maison de France actuelle ne saurait en bénéficier.

Qui peut nous assurer que les Carlovingiens et les Capétiens n'appartiennent pas aussi bien que Clovis à l'ancienne race franque des rois chevelus ? En se convertissant à la foi chrétienne, leurs auteurs ont méprisé les ressentiments profanes de leurs coréligionnaires, ils ont donc eu le même mérite que Clovis et c'est ce qui peut expliquer leur mise en possession d'un pouvoir surnaturel, visible et sensible, destiné peut-être à remplacer d'autres prérogatives accordées à leur famille par les Esprits devenus les dieux des Germains.

Du reste, quand bien même cette parenté ne serait pas admise, il faudrait se souvenir que la prophétie de saint Remi a été faite à la France et à ses rois, que Hugues Capet est monté légitimement sur le trône en vertu du droit public de son temps, et que par conséquent ses successeurs, déjà favorisés par le pouvoir miraculeux de toucher les écrouelles, ont droit au bénéfice de la prédiction. Le miracle permanent en est une preuve.

Enfin reste un dernier argument en faveur de la prophétie de saint Remi : c'est qu'elle s'est accomplie jusqu'à nos jours, et la puissance ou l'abaissement de la France et de ses rois n'est jamais que le résultat de leur conduite envers l'Eglise.

Quand les successeurs de Clovis ont attenté à sa liberté, quand ils ont massacré saint Prétextat et saint Léger, ils sont remplacés par une autre Maison. Quand Charles Martel a livré les bénéfices à ses créatures, les chroniques du temps attestent que d'étranges prodiges auraient annoncé son châtiment. Charlemagne, défenseur du Pape, devient tout puissant. Ses successeurs, oublieux de leurs devoirs, finissent misérablement et sont remplacés par Hugues-Capet. Tout alla bien jusqu'à l'impie Philippe-le-Bel, et, bien qu'il eut laissé trois fils, sa branche disparait en punition de ses attentats. Quand le chef des Valois a posé le principe des fameux appels comme d'abus, la France est châtiée par la guerre de Cent Ans ; mais Dieu, qui ne veut pas son extermination complète, envoie Jeanne d'Arc. Charles VII, ingrat, établit la Pragmatique et, révolté contre l'Eglise, il se laisse mourir de faim ne pouvant supporter la révolte de son fils. Charles VIII entre à Rome malgré les droits du Pape et il meurt sans postérité; Louis XII convoque le conciliabule de Pise et il règne seul de sa branche. Les trois fils d'Henri II, soutien du protestantisme, disparaissent sans héritiers.

Henri IV périt assassiné après avoir accordé à l'erreur les droits de la vérité, et, quand les traités de Westphalie ont sanctionné toutes les injustices, viennent les malheurs de la Fronde en attendant le jour où l'Allemagne protestante, fondée par nous, s'unifiera pour nous écraser. Louis XIV humilia le pouvoir pontifical et fit décréter par des évêques lâches et serviles la déclaration de 1682, source de l'hérésie gallicane, et sa triste vieillesse fut suivie d'une longue minorité, comme si Dieu avait voulu que la France affaiblie ne put abaisser l'Eglise davantage.

Puis est venu la Révolution, c'est-à-dire le grand châtiment. La noblesse avait eu les évêchés, et il reste comme souvenir de la vraie noblesse à peine 5 ou 600 familles, car nous ne comptons pas tous les Messieurs Jourdain de notre époque (1). Les Parlements qui avaient persécuté les Jésuites remplirent la charrette du bourreau sauf les deux qui les avaient pris sous leur protection, le Parlement de Besançon et le Conseil de Colmar. Enfin les rois qui s'étaient dits indépendants de l'Eglise, ont entendu le peuple se déclarer souverain.

Depuis, les usurpateurs ont été punis, l'un dans les neiges de la campagne de Russie, après avoir dit que le pape ne ferait pas tomber les armes des mains de ses soldats ; le second est monté en fiacre chassé par l'émeute qui l'avait élevé ; le troisième a eu Sedan, et nos désastres ont commencé le jour où nos soldats abandonnaient Rome et Pie IX.

Hier, nous avons vu arracher les crucifix, crocheter les monastères, jeter dans la rue les amis de Dieu ; nous avons vu le Saint-Sacrement sous les scellés ; nous avons entendu le bruit des haches brisant les portes des églises et le psalmiste semblait l'avoir ouï d'avance quand il chantait : *Exciderunt*

(1) Le marquis de Bouillé constatait déjà dans ses *Mémoires* qu'à peine mille familles pouvaient faire les preuves de 1400. Combien depuis se sont éteintes !

januas ejus in idipsum, in securi et ascia dejecerunt eam. Voilà l'œuvre des Francs-Maçons. Les jours de ces hommes sont comptés, j'ignore comment ils finiront, mais j'espère parce que j'ai lu et la prophétie de saint Remi et son développement dans l'histoire de France.

Ce pays n'a pas, comme l'Angleterre ou la Russie, le temps de commettre de longues iniquités; il ne reste jamais longtemps anéanti comme la Pologne et l'Irlande; il se relève en un jour; il demeure la grande puissance catholique, et, comme le remarquait Charles-Quint, quand il semble près de périr, Dieu le relève. Il y a évidemment là une loi providentielle, et si Pie IX disait un jour à Mgr de Dreux-Brézé que, si la France venait à être humiliée et amoindrie, ce serait le signe précurseur des mauvais jours qui doivent précéder la fin des temps, on nous permettra d'espérer encore la confirmation de la prophétie de saint Remi.

III

Le temps et l'espace ne nous permettent pas de nous arrêter aux prophéties faites du VIᵉ au XIIᵉ siècle. Tout cela est suspect et ne saurait résister à une critique sérieuse. Constatons seulement qu'à cette époque on trouve une foule de textes, pastiches plus ou moins déguisés de la prophétie de saint Remi. Le plus célèbre est celui résumé dans le livre de l'Antéchrist attribué à tort à saint Augustin, à Alcuin et à Raban Maur et qui est d'Adson, abbé de Moutier-en-Der au Xᵉ siècle. Si nous étions méchants, nous le publierions ; car c'est tellement saugrenu que nous ferions rougir tous ceux qui depuis ont ajouté foi à cette niaiserie née au moyen âge et intitulée le Grand Pape et le Grand Roi.

Avant de quitter cette époque, rappelons cependant un fait étrange :

Lorsque, après tous les crochetages des monastères français, on vit une seconde persécution tracasser, dans les conditions les plus lamentables et en même temps les plus grotesques, les abbayes de Solesmes, de Ligugé et de Marseille, de l'Ordre de saint Benoît, et cela sous l'inspiration du calviniste Freycinet qui jadis assurait Dom Guéranger de ses sentiments tout dévoués, on fut étonné, et nous avouons n'avoir rien compris nous-même au choix fait alors par la secte (1). Nous étions dans ces sentiments lorsque, lisant les Annales de l'illustre cardinal Baronius, nous tombâmes sur le passage suivant :

« Les chefs de la troisième dynastie avaient une

(1) Ces lignes étaient écrites lorsque l'*Univers* nous a apporté la lettre suivante :

« Monsieur le rédacteur,

« Aujourd'hui, 1er juin, en la fête du Sacré-Cœur de Jésus, l'abbaye de Solesmes, pour la troisième fois depuis trois ans, sans un prétexte avoué, sans aucune raison réelle, a été envahie par une bande de crocheteurs et de gendarmes, sous la conduite de M. le secrétaire-général de la préfecture du Mans, et de M. Laroche, sous-préfet de la Flèche, avec un commissaire et *un cuisinier* attaché à l'expédition. Les détails seraient superflus.

« Tous les honnêtes gens feront justice de ces odieux et ridicules agresseurs d'une maison depuis longtemps déserte. Les chrétiens savent de plus que les censures sont toujours en vigueur contre ceux qui violent ou retiennent injustement les biens de l'Eglise.

« ✝ F. CHARLES COUTURIER,
« Abbé de Solesmes. »

» dévotion plus particulière envers saint Benoît.
» Voici un fait qui le prouve ; il est raconté par
» Helgaud, historien sincère. Hugues Capet, se
» trouvant sur son lit de mort, appela près de lui
» son fils Robert, pour lui faire connaître ses der-
» nières volontés. Le jeune prince s'étant avancé,
» les larmes aux yeux : Mon fils, lui dit ce bon
» père, mon cher enfant, je t'en conjure par la
» sainte et adorable Trinité, ne suis pas les conseils
» des flatteurs qui voudront te corrompre... Puis, il
» est une chose que je te recommande par-dessus
» toutes les autres, c'est que tu aies une dévotion
» spéciale pour le glorieux saint Benoît. En lui, tu
» trouveras un port tranquille et assuré, au milieu
» des tempêtes et des agitations de ce monde ; après
» ta mort, il sera ton asile et ton refuge, si tu as
» soin ici-bas de ne point te séparer de lui. »

Et le grand Baronius, cet écrivain dont jamais la véracité ne fut attaquée, continue :

« Avez-vous compris, pieux lecteur, sur quoi se
» trouvent affermies et consolidées les bases de ce
» royaume si florissant? Les saints, tels sont les fon-
» dements sur lesquels il repose. Aussi peut-on à
» bon droit dire de la France ce qui est écrit dans
» nos saints livres : *Fundamenta ejus in montibus*
» *sanctis.* Cet empire a ses fondements dans les
» montagnes saintes. C'est encore à la France qu'on
» peut justement appliquer cette parole du saint
» Evangile : Jusqu'à présent elle a tenu bon contre
» tous les assauts réunis des vents et des tempêtes.
» Les fleuves déchaînés se sont rués contre elle ;
» mais, comme une maison bâtie sur la pierre, elle
» est restée debout. Toujours la France y restera,

» si les fondements qui la soutiennent demeurent à
» leur place. Mais si, par malheur (que Dieu ne le
» permette pas!) les bases saintes sur lesquelles
» repose cette nation viennent à être rejetées, et si
» la dévotion à ses saints protecteurs vient à être
» ébranlée dans les cœurs de ses enfants, alors la
» France peut être certaine d'une chose, c'est qu'elle
» tombera. »

Ce texte est toute une révélation. La mission providentielle de la France, prédite par saint Remi, et en dehors de laquelle ce peuple n'a pas de raison d'être, est de remplir le rôle de soldat de l'Eglise; or, la Franc-Maçonnerie, qui est internationale et compte dans ses rangs M. de Bismark, ne peut désirer que la France reste debout sur ses fondements.

Là est la raison de la haine contre les fils de saint Benoît choisi par Hugues Capet comme protecteur de sa race.

Le diable, mieux que personne, sait la puissance de saint Benoît et les anciens services rendus par son Ordre qui, au XVe siècle, comptait déjà 15,000 saints canonisés; il redoute la restauration de la Maison de France, cliente de saint Benoît, et ses efforts actuels prouvent une fois de plus qu'il croit, lui, en la prophétie de saint Remi. La puissance infernale joue une partie suprême, et Julien jette en ce moment une de ses dernières flèches au Galiléen.

IV

Lorsqu'au XIIe siècle, Dieu, pour inspirer au clergé de ce temps l'amour de l'étude et relever la théologie, hélas bien abandonnée des clercs, eut suscité la grande moniale sainte Hildegarde, Satan, selon sa coutume, imagina des pastiches conscients ou inconscients, tels que ceux de l'abbé Joachim, Jean d'Aquitaine et Jean Kalta; mais si le temps, cette pierre de touche des prophètes et des prophéties, a montré l'inanité de ces derniers, la sainte abbesse demeure, à travers les âges, digne de tous nos respects.

Ce n'est pas, à coup sûr, que nous voulions présenter ici ses prophéties comme dignes de la foi due aux saints Evangiles. D'abord n'oublions pas que l'Eglise, en canonisant les saints, n'affirme pas qu'ils n'ont jamais été victimes d'illusions, et ensuite que l'approbation même des révélations ne va pas jusqu'à déclarer qu'elles viennent de Dieu, mais qu'elles peuvent en venir comme ne contenant rien de contraire à la foi et aux bonnes mœurs.

Voilà ce que notre impartialité nous obligeait à dire, mais elle nous fait un devoir également de rappeler que les révélations de sainte Hildegarde viennent toutes de Dieu ou viennent toutes du diable. Si, en effet, elle a eu une seule révélation céleste, on ne peut supposer que l'Ange qui agissait en elle ne l'ait pas avertie des illusions sataniques. Or, les pères du Concile de Trèves, saint Bernard, si docte en ces matières, et le pape Eugène III, ont pensé que l'abbesse de Rupersberg n'était ni hallucinée, ni dupe d'une illusion diabolique.

Ceci nous porte à attacher une véritable importance aux prédictions de sainte Hildegarde, pour le cas bien entendu où elle ne se serait pas trompée elle-même et où le texte n'aurait pas été interpolé, ce qu'on doit toujours en saine critique supposer avant toute publication.

Ceux qui voudront connaître en entier les prophéties tirées de la lettre à l'empereur Conrad, de celle aux chanoines de Cologne, de celle aux chanoines de Trèves, etc., n'auront qu'à consulter la *Patrologie latine* de Migne. Nous allons nous contenter d'une simple analyse, nous gardant bien d'imiter certains recueils qui, par leur classement, font dire à sainte Hildegarde ce qu'elle n'a jamais écrit :

1° Bientôt au sixième âge du monde succéderont des temps nouveaux, parce que, l'Evangile ayant été prêché à toutes les nations et l'Eglise étant complètement établie, ce sera le temps du grand développement de l'Eglise et de l'humanité.

Ce sera le septième âge du monde, qui répond au septième jour où Dieu, ayant créé l'homme et tous les animaux, cessa de créer, mais dit à l'homme : « Croissez et multipliez-vous, remplissez la terre et soumettez-la, soyez les maîtres des poissons de la mer, des oiseaux du ciel et de tout ce qui vit et se meut sur la terre. »

2° Ce siècle est un siècle de femmes ; avant qu'il se termine il y aura de grandes guerres et de grands troubles ; ce sera le châtiment des clercs infidèles à leurs devoirs et des laïcs efféminés ; mais avant qu'il se soit écoulé autant d'années qu'on en compte depuis la décadence qui a suivi la première ferveur de l'Eglise, le siècle des femmes aura pris fin.

3° Alors viendront des temps où il y aura des hommes ; le droit et la justice prendront un peu le dessus sur l'iniquité, on verra renaître le goût des études ecclésiastiques, on étudiera avec grand soin la Sainte Ecriture et les écrits des saints docteurs ; cependant les peuples s'indigneront des désordres du clergé et ils demanderont la réforme de l'Eglise, mais ils n'obtiendront pas ce qu'ils demanderont.

4° D'autres temps suivront où l'on commencera à dissiper le patrimoine de l'Eglise, à persécuter le clergé, à le chasser de ses possessions et à l'envoyer en exil ; cependant la spoliation ne se fera pas tout d'un coup ; la persécution ne fera d'abord que poindre, plus tard elle apparaîtra comme si le jour des spoliations en était arrivé à l'heure de tierce, et enfin quand le temps sera venu, elle s'épanouira comme le jour en son midi.

5° Quand les loups auront commencé à dépouiller l'Eglise, il y aura un temps d'arrêt dans le triomphe de l'injustice et de l'iniquité, mais ce triomphe de la justice et du droit ne sera pas complet et n'aura qu'un temps ; car après il surgira des hommes qui seront comme des ours qui se partageront leur proie et qui s'enrichiront par le mal. L'Eglise perdra ses riches domaines et sera réduite à la pauvreté comme aux premiers temps de son établissement, car les princes lui raviront non seulement le manteau du principat temporel, mais encore la tunique des modestes domaines nécessaires pour la subsistance des clercs.

6° Quand Dieu aura ainsi châtié et purifié son Eglise par la tribulation, il fera enfin luire l'aurore des temps meilleurs où régnera la justice. On verra renaître la perfection et les vertus des anciens jours. Le clergé reprendra le rang et les honneurs qui lui seront dûs, sans recouvrer toutefois une opulence excessive. Les princes vivront dans la paix et dans la concorde et ils réuniront leurs forces contre tous ceux qui voudront troubler la paix du monde et le triomphe de la religion chrétienne.

7° En ce temps-là une partie des Juifs et un grand nombre d'hérétiques se convertiront et augmenteront le nombre des fidèles enfants de l'Eglise : alors surgiront des saints admirablement doués du don de prophétie, et l'on verra une surabondante floraison de tout germe de justice dans les fils et dans les filles des hommes ainsi que l'a annoncé le prophète Isaïe. Dieu comblera aussi la terre de l'abondance des biens temporels et la société chrétienne jouira d'une prospérité que le monde n'avait pas connue jusques-là.

8° Cependant les hommes se relâcheront peu à peu et Dieu, en punition de leurs péchés et de leur peu de reconnaissance, leur enverra des guerres, des pestes et différentes sortes de fléaux qui ne dureront pas cependant chaque fois bien longtemps parce que les peuples ne tarderont jamais guère à reconnaître la main de Dieu dans les fléaux qui les frapperont et que, se hâtant toujours de faire pénitence, ils obtiendront vite que Dieu détourne les maux qui leur seront destinés.

9° Sur la fin de cette ère de paix et de prospérité, les chrétiens énervés d'ailleurs par les délices d'une longue paix ne se mettront plus en peine de veiller sur leurs frontières. C'est alors que Satan suscitera contre eux ce qui restera de peuples infidèles et barbares (1). Excités par les hérétiques et les Juifs

(1) Comparez les lignes suivantes de M. Le Play dans sa

obstinés, ils envahiront le monde chrétien et feront souffrir aux fidèles des maux inouïs, mais le peuple chrétien réveillé par les souffrances et l'adversité se soulèvera comme autrefois les Juifs fidèles au temps des Macchabées pour la liberté et la défense de la religion. Dieu combattra avec son peuple et il fera pour le sauver des prodiges semblables à ceux qu'il opéra par le ministère de Moïse pour la délivrance des Israélites de la servitude d'Egypte. Cette victoire sera si éclatante qu'une foule de païens se convertiront et se réuniront au peuple chrétien. Celui-ci instruit par l'expérience élèvera des forteresses sur les confins des états catholiques et prendra des mesures efficaces pour prévenir de nouvelles invasions.

10° En ces temps-là, les empereurs choisis pour être les chefs de la république chrétienne se laisseront avilir par la mollesse et les plaisirs. Ils exigeront qu'on leur rende les honneurs dûs à leur dignité, mais ils ne sauront point s'en montrer dignes, aussi les princes particuliers des différentes nations jugeant qu'un chef unique de toute la république chrétienne sera devenu plus nuisible qu'utile à cause de la trop grande étendue de l'empire, commenceront à se soustraire à l'obéissance du chef du

Constitution essentielle de l'humanité, page 259 : « Les Chinois les plus perspicaces sont convaincus de l'expansion réservée à leur race dans un prochain avenir. Un juré français, à l'exposition universelle de Vienne, qui fut mon collaborateur aux expositions universelles de Paris, raconte à ce sujet un fait curieux. Ayant rendu service au commissaire chinois, délégué à cette exposition, il a reçu de lui un éventail sur lequel ce haut fonctionnaire recommandait à ses descendants de respecter la demeure de son ami quand ils envahiraient Paris. »

Saint Empire et se rendront tout à fait indépendants, se réservant le soin exclusif de défendre eux-mêmes leurs propres états.

11° Vers le même temps, quand le Saint Empire sera ainsi détruit par le recès de tous les princes chrétiens, les différentes nations se donneront des patriarches et des primats particuliers auxquels ils décerneront des titres en rapport avec leur dignité. Cette scission se fera partout d'un commun accord entre les princes temporels et les différents clergés nationaux, parceque la cour romaine n'inspirera plus aucun respect à cause des abus qu'on y remarquera.

12° Sous ce régime nouveau qui ne constituera pas, cependant une séparation réelle des églises particulières d'avec l'Eglise romaine, en dehors de la communion de laquelle il n'y a pas de salut, il y aura un certain retour à la justice et à l'équité, les princes et le clergé de chaque pays s'attacheront à l'emporter sur les peuples voisins par une pratique plus parfaite et plus exacte des devoirs de la religion et des anciens canons. Il y aura alors beaucoup de prophètes et de savants qui expliqueront les secrets de la Sainte Ecriture avec tant de clarté et de vérité que les esprits de ténèbres ne pourront plus les décevoir par leurs illusions. Mais en même temps il règnera un tel débordement de mœurs, il surgira de si hideuses hérésies qu'on se dira que jamais il ne s'était vu tant de crimes et une pareille corruption.

13° Peu à peu les mauvaises mœurs et la corruption générale étoufferont la foi dans les masses, et c'est alors que naîtra l'Antéchrist qui entraînera le monde par ses séductions et ses prestiges, mais ce fils de perdition sera foudroyé devant ses partisans au moment où il se vantera de monter au ciel, et à cette vue ses victimes reviendront au bercail du divin pasteur et la Sainte Eglise brillera de nouveau d'une gloire sans égale.

14° Les Juifs et les païens s'étant tous convertis, ce sera le commencement de la dernière phase du monde et de l'Eglise et tout sera terminé par le second avénement du Christ et la fin du monde.

Quant à savoir quand et quel jour après la chute de l'Antéchrist le monde devra finir, l'homme ne doit pas chercher à le connaître, il ne pourrait y parvenir. C'est un secret que le Père s'est réservé.

Telle est l'analyse aussi exacte que possible, nous l'espérons du moins, des prophéties de sainte Hildegarde, lesquelles ont donné lieu à une foule d'interprétations aussi alarmantes qu'absurdes.

Ainsi, par exemple, quelques-uns ont prétendu que le prochain triomphe de l'Église serait le dernier parce que : 1° Le Saint Empire, dont parle la grande moniale a été détruit en 1806, sous François II de Lorraine ; et, 2° que selon eux, la division des priviléges de la souveraineté pontificale s'entend du grand schisme d'Occident. Or, sainte Hildegarde annonce un recès volontaire des princes catholiques et non la destruction violente par Napoléon Ier, laquelle n'a été effectuée que bien longtemps après le schisme d'Occident non suivi du reste de l'établissement de primats. Ajoutons que, malgré toutes les entorses données au texte, notre sainte n'a jamais fixé la date de la fin des temps et, si elle a parlé de septième millénaire, nous répondrons que

Jésus-Christ nous a appelé les ouvriers de la onzième heure; or, en prenant la onzième partie du temps écoulé depuis la création, cela assurait au monde trois ou quatre cents ans tout au plus et il y a de cela dix-huit cents ans. Sainte Hildegarde semblerait plutôt nous annoncer plusieurs milliers d'années, ce qui ne serait point impossible en présence de ce texte d'Habacuc sur l'Incarnation ; « Seigneur, *au milieu des siècles*, donnez enfin la vie à votre œuvre. Oui, vous le ferez connaître *au milieu des temps*, et, après avoir montré votre colère, vous vous souviendrez de vos miséricordes. »

Sainte Hildegarde parlait de l'Église d'Allemagne, son pays, et il est évident que jusqu'ici ses prédictions se sont accomplies. Les désordres du clergé ont en effet été punis par la guerre entre les Guelfes et les Gibelins; le relèvement des études théologiques dans l'Eglise a eu lieu au XIIIe siècle, âge des Thomas et des Bonaventure. Au triomphe incomplet de cette époque succédèrent d'abord la révolte du pouvoir civil, puis celle de Jean Huss et de Wiclef, celle enfin du protestantisme spoliateur. Le Concile de Trente n'a pas ramené à l'idéal les églises d'Allemagne et il faut, avant l'ère de prospérité, que les chapitres de Trèves et de Cologne se soient retrempés dans la pauvreté et la persécution.

Or, si nous en croyons le cardinal Pacca, dans ses Mémoires sur la Nonciature de Cologne, le progrès, à la fin du XVIIIe siècle, n'était pas énorme, les évêques ne dansaient plus, il est vrai, mais les chanoines n'étaient pas encore arrivés à ce degré d'héroïsme !

Il nous faut donc attendre encore et sainte Hildegarde n'a pas dit dans combien de temps on reverrait le rétablissement du Saint Empire, époque, nous osons le croire, où s'accomplira dans son entier la prophétie de saint Remi promettant aux rois de France l'empire du monde s'ils savent s'en rendre dignes. Alors les Juifs rentreront dans le giron de l'Eglise, et, malgré nous, nous nous souvenons et d'Ezéchiel montrant Jérusalem renaissante et du Livre des Macchabées qui, dans la description de l'alliance de la république juive et des Romains, annonce peut-être en une figure une réalité du testament nouveau.

V

Suivant notre habitude, nous ne nous arrêterons aux prophéties apocryphes et suspectes de cette époque que le temps nécessaire pour exprimer les motifs de notre suspicion.

L'abbé cistercien Joachim a, lui aussi, annoncé le Grand Monarque, qui, cette fois, sera un Hohenstaufen ; quant au personnage, auteur de cette prophétie, il suffira de dire qu'ayant inventé la quaternité au lieu de la Sainte Trinité, il eut les honneurs de l'Index, ce qui pourrait tout au plus lui attirer les sympathies des citoyens Paul Bert ou Ferry et de la canaille franc-maçonne.

Le Grand Monarque se retrouve encore dans les œuvres de l'ermite italien Jean Kalta, sorte de médium ou de démoniaque ; l'Eglise interdit les honneurs rendus à ce prétendu saint et condamna les livres ayant pour but de propager son culte.

Enfin le Grand Monarque devait encore apparaître selon Jean d'Aquitaine, si toutefois ses soi-disant prophéties n'ont pas été arrangées plus tard suivant le cadre de l'abbé Joachim, ce qui était la mode.

Ajoutons aussi qu'autrefois comme aujourd'hui, chacun arrangeait les prophéties selon ses désirs, et que saint Bonaventure, loin d'en rejeter certaines ayant cours en son temps, les considérait comme l'œuvre des mauvais esprits.

Si ce travail n'était consacré uniquement aux prophéties politiques, ce serait le moment de parler de prédictions dues à de saints personnages ayant vécu du XIIIe au commencement du XVe siècle. J'ai nommé sainte Marguerite de Cortone, sainte Brigitte, sainte Catherine de Sienne, sainte Gertrude, saint Vincent Ferrier et saint Jean de Capistran. Espérons que le jour viendra où une plume expérimentée et érudite pourra nous faire connaître sur ce sujet des aperçus dont nous avons eu personnellement l'avant-goût.

Il rentre toutefois dans notre sujet de rappeler qu'on s'est bien à tort servi des prédictions de sainte Marguerite de Cortone pour prédire la fin des temps à bref délai. Si en effet Jésus-Christ lui a dit: « Après ces tribulations, j'exalterai l'Ordre de Saint-François et je l'élèverai magnifiquement », ce que nous n'avons pas encore vu, cela prouve que Dieu brisera les trames du précurseur de l'Antéchrist dont parle notre sainte. De plus, d'après les révélations de sainte Brigitte, dont l'Eglise dit dans la collecte de sa messe propre, que Dieu lui a révélé les secrets célestes, des peuples, non catholiques au

XIVe siècle doivent rentrer en masse dans le sein de l'Eglise, puis se pervertir. Cette conversion n'est pas accomplie, c'est dire que de longs siècles sont à parcourir et que sans doute la génération actuelle verra à peine les commencements du triomphe que le bienheureux Raymond de Capoue a entendu décrire en ces termes par l'illustre sainte Catherine de Sienne (*Les Bollandistes. Acta sanctorum*. 29 avril) :

« Ces tribulations et ces angoisses passées, Dieu « purifiera la Sainte Eglise et ressuscitera l'esprit « de ses élus par un moyen qui échappe à l'intelli- « gence de l'homme. Il y aura après cela dans l'E- « glise de Dieu une réforme si complète et un re- « nouvellement si heureux des saints pasteurs qu'en « y pensant, mon esprit tressaille dans le Seigneur. « Ainsi que je vous l'ai dit souvent en d'autres occa- « sions, l'épouse du Christ est maintenant comme « défigurée et couverte de haillons, mais alors elle « deviendra éclatante de beauté, elle sera ornée de « précieux joyaux et couronnée du diadème de tou- « tes les vertus. La multitude des peuples fidèles se « réjouira de se voir dotée de si saints pasteurs. De « leur côté, les nations étrangères à l'Eglise attirées « par la bonne odeur de Jésus-Christ reviendront au « bercail de la catholicité et se convertiront au vé- « ritable pasteur et évêque de leurs âmes. Remer- « ciez-donc le Seigneur pour ce profond calme qu'il « daignera rendre à cette Eglise après cette tem- « pête. »

Enfin le triomphe futur des races latines catholiques, parmi lesquelles la France brille au premier rang, semble assez clairement annoncé dans une vision qu'eut saint Jean de Capistran et qu'il raconte en ces termes au cardinal Firmino, grand pénitencier et protecteur de l'Ordre de saint François.

« Je vis quatre fleuves qui luttaient entre eux ; le « premier venait de l'Orient, le second de l'Occi- « dent, le troisième du Midi, le quatrième du Nord, « et chacun s'efforçait de se faire un passage dans « la grande mer, avec violence et d'en sortir de « même. Mais, en se retirant, chacun de ces fleu- « ves tirait avec force comme pour entraîner avec « soi toute l'eau de la mer. Enfin l'Occident l'em- « porta. »

Vraiment nous comprenons le dégoût des gens de bon sens pour tous les recueils indigestes, où, à défaut de critique, s'étalent les billevesées de Nostradamus et de tant d'autres visionnaires au cerveau détraqué ; mais, devant la concordance qui existe entre les paroles des saints, tout homme doué de bonne foi se sentira profondément ému.

VI

Il n'entre pas dans notre sujet d'étudier si le fameux Savonarole fut trompé par l'esprit du mal, encore moins de dire ce que nous pensons de cet illustre personnage ; nous n'avons pas non plus à nous arrêter aux prédictions de Catherine de Raconigi sur le Grand Pape et le Grand Roi, car il suffira de rappeler qu'elle a annoncé qu'avant ce Pontife si attendu il n'y aurait pas de Concile complet ; or, depuis elle, l'Eglise a eu le Concile de Trente.

Nous arrivons donc immédiatement à toute une

série de prophéties fort célèbres, mais, trouvant là tous les caractères du charlatanisme, nous demanderons pardon à toutes les bonnes femmes que nous avons la cruauté de froisser dans leurs très douces convictions, et nous demeurons presque épouvantés à l'idée de traiter de faussetés et de mensonges, de jongleries ou d'œuvres infernales, ces chers grimoires appelés les prophéties de saint Césaire, d'Orval, de saint Malachie, etc., etc.

La plupart, en effet, peuvent se grouper auprès de celle dite d'Orval ; s'appliquant comme elle à l'époque de la guerre de Cent Ans, elles en sont ou la source ou le commentaire, et quand l'une d'elles, attribuée à un prétendu Jérôme Bottin, moine de l'abbaye de Saint-Germain-des-Prés, semble avoir quelque rapport avec l'époque actuelle, on a le déboire de constater que si cet éminent prophète annonça en ces termes le règne de Louis XV : « Son règne sera très long, il sera un règne de justice et de force, il sera en grande vénération et sa mémoire florissante », le texte de sa prophétie est dans les espaces imaginaires, et que ceux qui l'ont donné ont cité pour témoins des gens déjà morts.

Au point de vue critique, c'est peu solide, et ce pauvre Grand Monarque, que le pseudo Isidore de Séville fait espagnol, n'est vraiment pas heureux.

Mais nous reviendrons sur Orval ; en attendant, parlons de saint Malachie, qui est encore, croyons-nous, fort à la mode.

Ne croyez pas qu'en parlant ainsi nous montrions de l'inconvenance vis-à-vis du saint évêque d'Armagh, ami de saint Bernard, car il ne fut pour rien dans cette histoire.

Saint Malachie était au ciel depuis quatre cent cinquante ans, quand un bon flamand, Arnold de Wyon, trouva la pièce que l'on sait, et, comme alors l'Ecole des Chartes n'était pas encore instituée, il communiqua son manuscrit à un savant dominicain nommé Chicon, célèbre par de sérieux ouvrages intitulés : *Traité de la délivrance de l'âme de Trajan des peines de l'enfer par les prières de saint Grégoire-le-Grand, Du Cardinalat de saint Jérôme, Généalogie des Rois Mages*, etc.

Tel fut l'éditeur ; examinons la pièce et contemplons saint Malachie cultivant le calembour. Benoît XII est *frigidus abbas*, parce qu'il fut abbé de Fontfroide. Quant à Pie II, il varia et voyagea, d'où il s'appelle : *De capra et alberga ;* ce pape est une chèvre courant les auberges.

Ce langage d'un saint parlant d'un pape est-il assez digne ? Et puis, quand une prophétie vient de Dieu, elle n'est d'ordinaire ni puérile, ni inutile, ni fausse ; or, elle a tous ces caractères.

Jésus-Christ s'est refusé à nous dire l'époque de la fin des temps, et voilà une prétendue révélation qui n'a pour but que de décourager ceux qui auront la naïveté d'y croire.

En second lieu, elle ne vient pas de Dieu, parce qu'elle est fausse, et, qu'on nous pardonne l'expression vulgaire, tirée par les cheveux. Le texte dit de Grégoire XVI, *De balneis Etruriæ*, des bains d'Etrurie, et l'explication est que, ce pape ayant été moine Camaldule, il y a non loin de Camaldoli un lieu nommé Bagno, ou les Bains !

J'ai un ami qui, pensant que l'auteur de la prophétie de saint Malachie était quelque pauvre bohême désireux de payer l'écu nécessaire pour solder un bon dîner, est arrivé à attribuer à Léon XIII la plupart des légendes du texte. *Lumen in cælo* va bien, il a une comète dans ses armes; *Flos florum* également, puisqu'il possède un lys; *Religio depopulata* ne s'explique que trop; *Fides intrepida*, il s'appelle Leo, lion; *Pastor angelicus* et *Pastor et nauta* vont aussi bien, etc.

Le facétieux auteur a-t-il voulu se moquer des prophéties comme Cervantes des romans de chevalerie? Je l'ignore; toujours est-il que son œuvre s'expliquant bien jusqu'à Pie V, elle doit être de cette époque. En attendant, laissons notre farceur à son bon repas, et continuons à travailler et à édifier sur le terrain solide de la foi catholique et du droit monarchique.

VII

Parmi les inepties qui ont enthousiasmé notre siècle, une des plus célèbres est un livre intitulé : le *Liber Mirabilis*, vieille compilation des prophéties ayant cours à la fin du xve siècle et au commencement du xvie, et qui paraît due à un auteur allemand. D'après ce savant recueil, un jeune prince captif devait, en 1515, reconquérir la couronne des lys et, en 1580, le Grand Pape né à Cahors, et dont le nom commençait par un R, allait monter sur le siège de saint Pierre.

Tout cela n'empêche pas que des gens y croient encore et rééditent ces billevesées.

C'est dans ce recueil que l'on rencontre la prophétie dite de saint Césaire, et publiée par Jean de Vatiguerro ou Prêche-Guerre. Le faussaire qui l'a fabriquée ignorait malheureusement la vie de saint Césaire, qu'il fait mourir un siècle et demi avant sa naissance. Cette prophétie n'est, du reste, autre chose que celle parue déjà sous le nom de ce saint évêque d'Arles au XIVe siècle : cette fois on a ajouté des dates.

En 1793, on en découvrit un exemplaire à la Bibliothèque Nationale, et on se hâta d'y voir Louis XVII détenu au Temple ou qu'on croyait évadé. Seulement une difficulté se présentait, la restauration annoncée étant pour 1515. Mais on finit par trouver; saint Césaire s'était servi de l'ère de Dioclétien qui commença l'an 284, et, par conséquent, le retour des Bourbons et le triomphe de l'Eglise étaient pour 1799 !

C'est honteux, n'est-ce pas? Eh bien, ce qui ne l'est pas moins, c'est de voir des catholiques, voir même des ecclésiastiques, faire de l'astrologie en plein XIXe siècle, et commenter, rééditer, colporter les sornettes de Nostradamus, et cependant l'asile d'aliénés établi aujourd'hui à Saint-Remi de Provence, ville natale de ce médecin visionnaire, ne suffirait pas à contenir la bande de ses croyants. Ces gens-là oublient sans doute que les pratiques astrologiques ont été condamnées par l'Eglise comme autant de chimères, et à ceux qui lisent avec componction l'*Almanach de Nostradamus* et ses quatrains, nous rappellerons que des Conciles de Bordeaux et de Tours défendirent de lire et de garder les almanachs astrologiques et d'y ajouter foi, et que Sixte-Quint condamna toute pratique de l'astrologie judiciaire.

Il est vrai qu'on peut toujours avoir à son service quelques petits axiomes libéraux et gallicans qui, soi-disant, vous permettent de demeurer catholiques, tout en se moquant avec désinvolture du Pape et des Congrégations.

Les astrologues condamnés par l'Eglise semblent avoir été quelquefois inspirés par le diable, ce qui n'a rien de bien étonnant, et Bizouard, dans son livre sur les *Rapports de l'homme avec le démon,* cite des faits à l'appui.

Ainsi l'historien Pasquier raconte que son père, astrologue, avait annoncé au grand chancelier Brulard sa promotion à cette dignité plus de trente ans d'avance. Le jour de la naissance de Marcel II, son père Richard Cervin dit : Il m'est né un fils qui sera pape et qui ne le sera pas en effet. Cette prédiction fut imprimée trois ans avant l'avénement de Marcel qui ne siégea que vingt-deux jours. L'astrologue Morin prédit, à dix heures près, la mort de Richelieu, se trompa de seize jours pour celle de Lesdiguières, de six pour celle de Louis XIII. Enfin, d'après Mezeray, Biron mourut pour avoir voulu éviter le coup de canon qu'un astrologue lui avait dit devoir être la cause de son trépas.

C'en est assez, il nous semble, sur l'astrologie, à laquelle on doit rattacher la prédiction dite du moine de Padoue sur les deux Henri et qui est tombée à faux.

Jusqu'ici, on le comprend, il a été difficile, vu l'éloignement, de distinguer les prophéties diaboliques des prophéties simplement apocryphes, mais, à un moment donné, nous verrons par ce qui s'est passé depuis le commencement du XVIIe siècle que le programme contemporain du diable ne diffère pas de celui dévoilé dans certaines prédictions d'une époque plus reculée.

VIII

Quittant ce terrain de la jonglerie ou du satanisme, reportons notre esprit vers des idées plus consolantes, et rappelons-nous qu'au moment de l'avénement du Protestantisme, la Providence daigna remplir quelques-uns de ses serviteurs de l'esprit de prophétie.

C'est ainsi qu'au rapport du Père Ribeira, la grande sainte Thérèse, la réformatrice de l'Ordre de la Très Sainte Vierge, et qui semble n'avoir jamais été le jouet d'illusions diaboliques, eut des révélations touchant les événements futurs, lesquels ne sont pas encore accomplis et promettent à l'Eglise des triomphes que nous ne soupçonnons pas. Elle a su que « dans les temps à venir, l'Ordre de saint Dominique fleurira et aura beaucoup de martyrs. » Plusieurs fois Notre-Seigneur lui a dit, parlant des Jésuites, ces défenseurs nés de l'Eglise contre la Franc-Maçonnerie, suppôt de l'enfer : « Que serait-ce si tu savais quels services ces religieux doivent rendre à l'Eglise dans les siècles à venir ? »

Plus tard, nous trouvons la bienheureuse Marguerite-Marie Alacoque, de l'Ordre de la Visitation, celle que Dieu choisit pour répandre la dévotion à son

Sacré-Cœur. Pour plus de sûreté, nous extraierons les lignes suivantes de sa Vie et de ses Œuvres publiées par les sœurs de Paray-le-Monial, car, sous la Monarchie de Juillet et sous l'Empire, des motifs que l'on devine ont empêché les historiens de donner la partie politique de ses prophéties, lesquelles ont une grande importance.

Le 17 juin 1689, qui cette année se trouvait être le vendredi après l'octave de la Fête-Dieu, Marguerite-Marie écrivait à la Mère de Saumaise, son ancienne Supérieure :

« Il régnera cet aimable Cœur, *malgré Satan et* « *ses suppôts*. Ce mot me transporte de joie et fait « toute ma consolation. Mais de vous pouvoir expri- « mer les grandes grâces et bénédictions que cela « attire sur notre Institut et en particulier sur les « maisons qui lui procureront le plus d'honneur et « le plus de gloire, c'est ce que je ne puis dire en la « manière qu'il me l'a fait comprendre...

« Il me semble que jamais la gloire accidentelle « de notre saint père et fondateur ne s'est tant aug- « mentée qu'elle le fait par ce moyen; mais ce Divin « Cœur veut que les filles de la Visitation distribuent « les fruits de cet arbre sacré avec abondance à tous « ceux qui désirent d'en manger, sans crainte qu'il « leur manque, parce qu'il prétend, comme il l'a « fait entendre à son indigne esclave, redonner par « ce moyen la vie à plusieurs, en les retirant du che- « min de perdition en ruinant l'empire de Satan dans « les âmes, pour y établir celui de son amour, qui ne « laissera périr aucune de celles qui lui seront con- « sacrées pour lui rendre tous leurs hommages et « amour d'une sincère et franche volonté, et lui en

« procurer selon toute l'étendue de leur pouvoir. « Mais il ne veut pas s'en arrêter là : il a encore de « plus grands desseins qui ne peuvent être exécutés « que par sa toute puissance qui peut tout ce qu'elle « veut.

« Il désire donc, ce me semble, entrer avec pompe « et magnificence dans la maison des princes et des « rois pour y être honoré autant qu'il y a été ou-« tragé, méprisé et humilié en sa Passion, et qu'il « reçoive autant de plaisir à voir les grands de la « terre abaissés et humiliés devant lui qu'il a senti « d'amertume de se voir anéanti à leurs pieds. Et « voici les paroles que j'entendis sur ce sujet : Fais « savoir au fils aîné de mon Sacré Cœur, — parlant « de notre Roi, — que, comme sa naissance tempo-« relle a été obtenue par la dévotion aux mérites de « ma sainte Enfance, de même il obtiendra sa nais-« sance de grâce et de gloire éternelle par la consé-« cration qu'il fera de lui-même à mon Cœur adorable « qui veut triompher du sien et par son entremise « de celui des grands de la terre. Il veut régner dans « son palais, être peint dans ses étendards et gravé « dans ses armes pour les rendre victorieuses de tous « ses ennemis, en abattant à ses pieds ces têtes or-« gueilleuses et superbes pour le rendre triomphant « de tous les ennemis de la sainte Eglise. »

Pour des motifs que nous n'avons pas à recher-cher ici, Louis XIV ne fut pas celui qui mérita d'ac-complir cette grande action. Ce rôle est-il réservé à celui dont la révolution avait juré de détruire la race par le poignard de Louvel, à celui qui est né le jour de la fête de saint Michel, ange protecteur de la France, à celui dont les vertus chrétiennes font sourire l'impiété, à celui qui a dit : Je ne serai jamais le roi légitime de la révolution?

Je l'ignore, mais si l'on ne nie pas la parole de la Bienheureuse Marguerite-Marie, aujourd'hui placée sur les autels de l'Eglise infaillible, il faut admettre que la France ne sera sauvée ni par la République, ni par l'instruction obligatoire et autres rêves creux, mais par Jésus-Christ. Qu'on le veuille ou qu'on ne le veuille pas, les projets de l'impiété sont une bulle de savon, et, ainsi que le disait Joseph de Maistre : Les hommes de la révolution sont dans la main de Dieu comme l'automate de Vaucanson.

Un jour, c'était pendant la guerre, à Poitiers, la ville bénie qui vit s'élever le premier temple consacré au Prince des Apôtres, la ville épiscopale des deux plus anciens monastères des Gaules, Ligugé et Sainte-Croix, la ville qui vit Jeanne d'Arc monter à cheval pour aller sauver la France, deux ou trois hommes réunis à l'ombre du palais d'un immortel pontife, eurent une idée sublime, et bientôt commençait sur la colline des Martyrs, à Montmartre, cette construction qui dominera un jour la cité de Denis l'Aréopagite et de Geneviève.

Nous en avons vu poser la première pierre, puissions-nous, à l'heure de sa dédicace, voir s'accomplir les promesses du Sacré-Cœur et par elles la réalisation de la prophétie de Reims, c'est-à-dire le relèvement de cette pauvre et chère France, qu'il faut aimer comme une mère, pour la reconnaître encore dans l'état où l'ont mise une poignée de faméliques.

L'action de la secte avait été annoncée par saint Alphonse de Liguori qui, avant la suppression de la Compagnie de Jésus, s'écriait : Nous sommes perdus si nous perdons les Jésuites. Ecoutez plutôt cette prédiction du saint : « La secte des Francs-Maçons ne se propose rien moins que la destruction de l'Eglise, du trône et des souverains. Les monarques ne paraissent pas s'en inquiéter, mais ils reconnaîtront trop tard, aux calamités qui en seront la suite, ces sectaires qui ne font aucun compte de Dieu, et qui n'auront assurément pas plus d'égard pour les puissants de la terre. »

L'avenir de la France est tout entier dans ce dilemne : le culte du Sacré-Cœur ou les sectes diaboliques.

IX

Ce serait peut-être le moment de parler des prophéties de deux personnages morts en odeur de sainteté : le vénérable Barthélemy Holzhauser et la vénérable Marie d'Agreda ; mais ici encore nous n'imiterons pas les auteurs de recueils ; malgré tout le respect que nous professons pour le prêtre allemand et l'abbesse espagnole, nous devons ajouter que, d'après ses calculs, Barthélemy Holzhauser s'est absolument trompé, car, selon lui, le triomphe de l'Eglise devait précéder l'Antéchrist que son livre fait naître vers 1855 et dont l'apogée était pour 1911. Quant à Marie d'Agréda, rappelons que sa Cité mystique a été frappée d'une condamnation de l'Index.

Arrivons donc immédiatement à la fameuse prophétie dite d'Orval ; elle a fait tant de bruit, elle groupe encore autour d'elle tant de croyants qu'il est bon de s'y arrêter un moment et de l'examiner.

Nous avons déjà dit qu'elle se rapportait à l'époque du roi Jean, mais cela ne prouve pas qu'elle n'ait pas été arrangée comme il arriva pour celle de saint Césaire. Quant à son nom d'Orval, nous verrons d'où il vient, mais auparavant donnons le texte en montrant qu'elle ne concorde que par hasard avec les événements de notre époque et que, depuis Napoléon III, elle ne concorde plus du tout.

« Prévisions certaines révélées par Dieu à un « solitaire pour la consolation des enfants de Dieu.

« L'on n'a point transcrit les prévisions sur la ré« volution de 1791, parce que les événements étaient « passés quand on a tiré la première copie de ceci. « (Extrait de la copie manuscrite de 1802.)

« 1° En ce temps là un jeune homme venu d'outre« mer dans le pays du Celte Gaulois se manifeste par « conseil de force.

« 2° Mais les grands ombragés l'envoient guer« royer dans l'isle de la captivité.

Le Directoire, mal désigné par ces mots : les grands, envoya Bonaparte guerroyer en Egypte, or l'Egypte n'est pas une île.

« 3° La victoire le ramènera au pays premier.

Après avoir manqué l'expédition d'Egypte qui se termina par une capitulation, en vertu de laquelle les débris de l'armée furent ramenés en France sur des vaisseaux anglais (assez singulière victoire), Bonaparte remit le commandement à Kleber et s'embarqua la nuit avec 500 hommes, il n'avait avec lui que deux frégates.

« 4° Les fils de Brutus seront moult stupides à « son approche, car il les dominera et prendra nom « empereur.

J'ignore si les fils de Brutus furent stupides, mais le président du Directoire complimenta et embrassa Bonaparte. Celui-ci ne se montra pas à craindre, il prépara dans l'ombre le coup d'Etat de brumaire et ne fut empereur qu'en 1804.

« 5° Moult hauts et puissants rois seront en « crainte vraie, car l'aigle enlèvera moult sceptres et « moult couronnes.

« 6° Piétons et cavaliers portant aigles sanglantes, « avec lui courront autant que moucherons dans « les airs, et toute l'Europe est moult ébahie, aussi « moult sanglante.

« 7° Car il sera tant fort que Dieu sera cru guer- « royer avec lui.

Si ceci convient au règne de Napoléon Ier, ce n'est en même temps que l'application faite à un prince régnant en France de la fausse prophétie de saint Césaire disant : L'aigle volera à travers le monde et subjuguera beaucoup de nations.

« 8° L'Eglise de Dieu se console tant peu en voyant « ouvrir encore ses temples à ses brebis tout plein « égarées et Dieu est béni.

Il est vrai que Bonaparte rétablit le culte catholique tout en essayant de maintenir l'Eglise dans la servitude, mais ce fut avant de devenir empereur et avant les guerres des § 6 et 7.

« 9° Mais c'est fait, les lunes sont passées.

Quelles lunes ? Les vingt-cinq lunes de désolation de la fausse prophétie de saint Césaire ?

« 10° Le vieillard de Sion crie à Dieu de son « cœur moult endolori par la peine cuisante et « voilà que le puissant est aveuglé pour péché et « crimes.

« 11° Il quitte la grande ville avec ost si belle que « oncques se vit jamais si belle, mais oncques « guerroyer ne tiendra bon devant la face du temps « et voilà que la tierce part de son armée et encore « la tierce part a péri par le froid du Seigneur « puissant.

Napoléon ne partit pas de Paris, mais de Dresde.

« 12° Mais deux lustres sont passés d'après le « siècle de la désolation, comme je l'ai dit en son « lieu, tout plein fort ont crié à Dieu les veuves et « les orphelins et voilà que Dieu n'est plus sourd.

Entre la publication du Concordat le 18 avril 1802, et le départ de Napoléon le 23 mai 1812, il y a deux lustres, mais si l'on doit compter les lunes à partir du siècle de désolation, la prophétie ne concorde plus avec les événements.

« 13° Les hauts abaissés reprennent force et font « ligue pour abattre l'homme tant redouté.

« 14° Voici venir avec eux le vieux sang des « siècles qui reprend place et lieu en la grande ville « cependant que l'homme dit moult abaissé va au « pays d'outre-mer d'où il était venu.

Napoléon est allé à l'île d'Elbe, mais il était venu de la Corse.

« 15° Dieu seul est grand. La lune onzième n'a « pas lui encore et le fouet sanguinolent du Sei- « gneur revient en la grande ville et le vieux sang « quitta la grande ville.

« 16° Dieu seul est grand. Il aime son peuple et a « le sang en haine. La cinquième lune a relui sur « maints guerriers d'Orient. La Gaule est couverte « d'hommes et de machines de guerre. C'est fait de « l'homme de mer.

« 17° Voici encore venir le vieux sang de la « Cape.

« 18° Dieu veut la paix et que son saint nom soit « béni. Or paix grande et florissante sera au pays « du Celte Gaulois. La fleur blanche est en honneur « moult grand, la maison de Dieu chante moult « saints cantiques.

« 19° Cependant les fils de Brutus oyent avec ire la « fleur blanche et obtiennent règlements puissants. « Ce pourquoi Dieu est encore moult fâché à cause « de ses élus et pour ce que le saint jour est encore « moult profané. Ce pourtant Dieu veut éprouver le « retour à lui par 18 fois 12 lunes.

Y a-t-il eu au contraire un gouvernement plus favorable au repos du dimanche que celui de la Restauration et notre prophète oublie que la République a eu à abroger la loi qui le rendait obligatoire. Quant aux règlements puissants, ce ne peuvent être que les ordonnances Feutrier, or ici le prophète ment, car de 1828, date des ordonnances, à 1830, il n'y a que deux fois 12 lunes. S'il a voulu parler de la Charte, c'est encore faux, d'abord parce quelle a été donnée avant les Cent-Jours et ensuite parce que de la première restauration à la révolution de 1830, il n'y a que seize fois 12 lunes.

« 20° Dieu seul est grand. Il purge son peuple « par maintes tribulations, mais toujours les mau- « vais auront fin.

« 21° Sus donc lors une grande conspiration contre « la fleur blanche, chemine dans l'ombre par mainte « compagnie maudite, et le pauvre vieux sang de la « Cape quitte la grande ville et moult grandissent « les fils de Brutus.

Ceci convient tout aussi bien à la révolte de Maillotins du XIVe siècle.

« 22e Oyez comme les servants de Dieu crient « tout fort à Dieu et que Dieu est sourd par le bruit « de ses flèches qu'il retrempe en son ire pour les « mettre au sein des mauvais.

Au lieu de la colère de Dieu nous ne voyons depuis 1830 que sa longanimité.

« 23e Malheur au Celte Gaulois! Le coq effacera « la fleur blanche et un grand s'appellera le Roi du « peuple. Grande commotion se fera sentir chez les « gens parce que la couronne sera placée par mains « d'ouvriers qui ont guerroyé dans la grande ville.

Il est bien vrai qu'en 1830 le bourgeois ventru et sceptique a laissé le pauvre ouvrier aller se faire tuer. C'est sa coutume et nous avons vu le misérable Gambetta aller se cacher à Saint-Sébastien. Mais l'ouvrier n'a pas été appelé à partager le gâteau par les bons bourgeois; ces ribotteurs d'orgie et quémandeurs de places ont seuls mis sur la tête de Louis-Philippe la couronne de Charles X.

« 24e Dieu seul est grand. Le règne des mauvais « sera vu croître, mais qu'ils se hâtent, voilà que les « pensées du Celte Gaulois se choquent et que grande « division est dans l'entendement.

« 25e Le roi du peuple en abord vu moult faible « et pourtant contre ira bien des mauvais; mais il « n'était pas bien assis et voilà que Dieu le jette bas.

S'il s'agit de Louis-Philippe on eut aimé connaître la durée de son règne, mais notre prophète est muet. Mieux que cela il n'a entrevu ni la seconde république, ni le règne de Napoléon III, total : vingt-cinq ans de l'histoire de France! Les partisans de la prophétie n'ont jamais expliqué ce silence. A la place on lit :

« 26° Hurlez, fils de Brutus. Appelez sur vous les « bêtes qui vont vous dévorer ! Dieu grand ! Quel « bruit d'armes ! Il n'y a pas encore un nombre plein « de lunes et voici venir maints guerroyers.

Ici l'auteur est pris en flagrant délit de mensonge. Ces guerriers sont venus en 1870, n'est-ce pas ? Or, un nombre plein de lunes signifie ou un an ou un cycle lunaire, c'est à dire dix-neuf ans, eh bien ! de quelque manière que l'on compte, la prophétie est fausse. En effet si vous calculez à partir de 1848, tout devait finir au plus tard en 1868. Mais on a peut-être voulu négliger les quatre années de la seconde république, dans ce cas on a bien la durée de l'empire, mais alors il faut reconnaître qu'après avoir compté si exactement les lunes de l'empire, des Cent-Jours et des deux restaurations, on n'a tenu compte ni du règne de Louis-Philippe tout entier, ni des quatre années de république qui l'ont suivi.

« 27° C'est fait ; la montagne de Dieu désolée a « crié à Dieu ; les fils de Juda ont crié à Dieu de la « terre étrangère, et voilà que Dieu n'est plus sourd.

« 28° Quel feu va avec ses flèches ! Dix fois six « lunes et pas encore dix fois six lunes ont nourri « sa colère.

« 29° Malheur à toi, grande ville ! Voici des rois « armés par le Seigneur, mais déjà le feu l'a égalée « à la terre.

Beaucoup de braves gens ont vu, paraît-il, en 1871, la réalisation de ce texte. Quant à nous, qui, hier encore, nous promenions sur le boulevard, nous n'avons pas heureusement contemplé de ville égalée à la terre, Hélas! Vous pouvez ouvrir chaque matin le *Figaro* et vous y verrez le compte rendu des bals de la nuit précédente ou de la fête japonaise et philantropique de la veille. Vous apprendrez que tel petit crevé à la mode se prépare à la revanche déguisé en berger à la Watteau et conduisant madame une telle. Les prophéties dans le genre de celle d'Orval sont par trop commodes en vérité et permettent trop facilement d'obtenir, sans rien faire, un salut qu'on n'a pas mérité.

« 30° Et pourtant les justes ne périront pas, Dieu « les a écoutés.

« 31° La place du crime est purgée par le feu, le « grand ruisseau a conduit toutes rouges de sang ses « eaux à la mer.

« 32° Et la Gaule vue comme décabrée va se re« joindre.

Tout cela est à accomplir, mais, nous l'avons vu, le temps de l'accomplissement est passé. En comptant les lunes, il aurait fallu en effet donner au règne de Louis-Philippe une durée de dix fois six lunes, puis serait venue une révolte noyée dans le sang vers 1840. Ainsi pensa-t-on en 1830, plus tard on allongea le nombre plein de lunes pour en faire un cycle lunaire de dix-neuf ans, cela permit d'attendre jusqu'en 1849. Les guerres ne vinrent pas !

« 33° Dieu aime la paix ; venez, jeune prince, « quittez l'isle de la captivité. Oyez, joignez le lion « à la fleur blanche.

Ici nous sommes en plein dans l'*imbroglio*. Le chef de la maison de France a passé l'âge de soixante ans et l'on devrait bien nous dire dans quelle île il fut jamais captif.

On le voit donc, la prétendue prophétie d'Orval ne s'applique à certains faits de cette époque que par simple coïncidence d'événements qui pourraient fort bien être la réalisation des plans homicides de l'Esprit, qui, au XIVe siècle, aurait inspiré l'auteur des prévisions. Depuis 1840 ou 1849 rien n'est plus applicable et rien ne peut l'être, car le texte annonce ensuite de grandes guerres faites par le rejeton de la Cape, la conversion de trois rois, d'un grand peuple. En même temps l'Antéchrist doit naître vingt-trois ans, — des textes portent treize ans, — après l'avénement du Grand Monarque dont le règne ouvrira l'ère de paix, ce qui ferait qu'en une quinzaine d'années la famille royale disparaîtrait et que l'apostasie générale aurait lieu moins de cinquante ans après la conversion du monde. C'est insensé !

Ajoutons que, d'après une circulaire de l'évêque de Verdun en date du 6 février 1849, un prêtre aurait avoué avoir inventé cette supercherie. Ce fait est grave, sans doute, mais on peut croire cependant que la superstition populaire aura fini par faire un seul personnage de l'auteur de la fausse prophétie et de dom Renvaux, cistercien d'Orval, qui trouva au XVIIe siècle des prédictions sur son abbaye, conservées par l'abbé Yung, curé dans le Luxembourg belge, lequel les tenait de sa mère.

Souvent les prédictions fausses ou diaboliques ont supplanté les véritables, ce serait le cas pour celle d'Orval qui, nous l'avons démontré, tombe à faux.

X

Les lecteurs de recueils sont fort au courant des prédictions dues au Père Nectou, à la sœur de la Nativité et à Hélène Wallraff.

Sans doute le Père Nectou est digne de toute notre vénération, mais quand on songe que ses prophéties ont passé par plusieurs bouches, on demeure prudemment sur la réserve. M. l'abbé Théard qui les a publiées les tenait de Mgr Soyer, évêque de Luçon et vicaire-général de Poitiers avant la révolution, qui les connaissait par l'abbé Gillis, plus tard évêque d'Edimbourg. Ce dernier les avait entendues de la bouche de la Mère Geoffroy, supérieure du Sacré-Cœur de Lyon, qui elle-même avait appris les faits du Père de Raux, jésuite à Poitiers. Le texte original n'est entre les mains de personne et il y a toute chance pour qu'il nous soit arrivé défiguré.

Si le Père Nectou a pu se tromper, les autres sont peut-être également tombés dans l'erreur, et certain passage racontant un dialogue entre un enfant et son père se promenant au milieu des ruines d'une grande cité, Paris sans doute, rappelle un peu trop certaine antique prédiction dite du berger : « Un jour, disaient entre eux les bergers du bon vieux temps, un pasteur, conduisant son troupeau sur des tertres verdoyants, plantera à terre sa houlette et dira : « Ici fut Paris. » A l'enfant de la prophétie du Père Nectou, le père répond : « Mon fils, il y avait ici une grande ville que Dieu a détruite. »

Comme certaines bonnes âmes qui ne distinguent pas et prennent toutes les paroles d'un directeur pour paroles d'évangile, Mlle Geoffroy a pu se méprendre sur les dires du Père de Raux qui, lui-même, n'a sans doute pas très bien compris le Père Nectou. C'est ainsi qu'en 1793 Mlle Geoffroy ayant annoncé au Père de Raux la mort de Louis XVII ; ce jésuite lui répondit : « Ma fille, vous m'avez bien embarrassé; vous avez mêlé mon fil à l'endroit où il est le plus mêlé. L'enfant ne devait pas périr. »

Pour ces motifs, nous ne nous arrêterons pas davantage aux prophéties du Père Nectou dans un travail qui a la prétention d'être sérieux.

Nous agirons de même au sujet de celles de la sœur de la Nativité dont les prophéties ne se sont point accomplies, et nous nous garderons dans une brochure avant tout politique, de rechercher quel Esprit inspirait cette religieuse décédée du reste saintement, ce qui n'empêcherait pas qu'elle ait pu être trompée.

Enfin nous tiendrons le même langage sur Hélène Wallraff. Le texte de ses prophéties n'existe pas et ce que nous en avons est vague et étrange. On y lit que « la paix sera apportée à la terre par un prince jusques-là inaperçu et dont la maison aura beaucoup souffert du malheur des temps. » Ne serait-ce pas un écho des prophéties populaires d'Allemagne et un premier jalon pour accréditer le faux Louis XVII dont nous verrons plus tard les prétentions favorisées par tous les voyants diaboliques de la première partie du XIXe siècle ?

XI

L'expression de « voyants diaboliques » fera peut-être sourire ces savants dont toute la science, — chose fort commode, — consiste dans un sourire, un haussement d'épaules et surtout la négation de tout acte du monde surnaturel, pour le motif très plausible qu'eux mêmes n'en font pas partie.

Quant aux catholiques, ils admettent le diable et par conséquent l'action satanique. Ils savent que certaines lois et certains faits du monde surnaturel peuvent nous échapper mais sont connus des esprits mauvais, ce qui leur permet de faire des prédictions, lesquelles nous paraissent être de véritables prophéties et ne sont en réalité que les résultats des conjectures d'êtres bien plus intelligents et bien mieux informés que nous. Dans cet ordre d'idées rentrent les prédictions évidemment diaboliques du XVIIIe siècle, à savoir celles des convulsionnaires de saint Médard, de Swedenborg, de tous les illuminés, de Cagliostro et surtout celle de Cazotte, dont nous mettons qui que ce soit au défi de nier l'authenticité sous peine d'être obligé de récuser en même temps la réalité de tous les faits historiques. Mais ces questions sont en dehors de notre programme d'aujourd'hui et nécessiteront plus tard une étude toute spéciale.

A côté des prophéties diaboliques, il en est, — on le sait, — de simplement douteuses, comme par exemple celle du Père Martinelli, jésuite italien du XVIIe siècle. Elle a été donnée pour la première fois par M. l'abbé Curicque qui sans doute a pu se tromper mais dont nous tenons à proclamer ici bien haut la probité et l'honnêteté littéraire. Nous nous montrerons cependant un peu défiants sur ce texte qui annonce des malheurs devant punir l'Angleterre de son apostasie, puis la conversion de ce pays et le triomphe de la foi. La prédiction écrite en italien, fut traduite en latin, ensuite en anglais. En second lieu, la copie citée est de 1679, époque où les catholiques anglais espéraient dans Charles II. Il était donc bien facile de leur faire admettre une prophétie fausse concordant avec celle du vénérable Holzhauser. Ajoutons toutefois que la prédiction a pu être mal comprise et par suite mal rendue, aussi ne pouvons-nous nous prononcer d'une manière absolue.

Il n'en sera pas de même au sujet de celle du frère Hermann de Lehnin qui paraît avoir été fabriquée vers le milieu du XVIIIᵉ siècle, car elle ne concorde que jusqu'à cette époque. Nous la rejetons absolument, car, par exemple, elle annonce comme un règne misérable celui de Frédéric II, le plus illustre de rois de Prusse ; elle lui donne un fils et finalement elle indique comme dernier souverain de ce pays Frédéric-Guillaume III qui règna de 1797 à 1840 !

Il est vrai qu'un aimable farceur a su tout expliquer, parce que, d'après lui, la maison de Brandebourg devant subsister pendant onze générations hérétiques, il ne faut compter ni Frédéric II, ni Frédéric-Guillaume IV, lesquels n'ont pas fait souche. Cela ne nous a pas convaincus ni vous non plus sans doute, cher lecteur. Et si même il arrivait que le roi actuel ou son fils fut le dernier prince régnant, je préférerais expliquer le fait par la colère de Dieu contre ceux qui rendront le compte demandé à tous les persécuteurs plutôt que par une prédiction déjà tombée à faux.

Quant aux prophéties populaires célèbres en Allemagne, nous avouons ne pouvoir en parler ici qu'à titre de simple curiosité, car de bonne foi on ne peut les apprécier qu'en confrontant tous les textes; or nous ne les avons pas. L'*Univers* du 6 août 1870 a donné un article sur cette question du reste fort curieuse, et l'on peut dire en résumé que la Westphalie doit être le théâtre de grands événements. Une armée redoutable venant d'Orient, toutes les armées d'Occident se rassembleront et remporteront la victoire après une bataille sanglante.

A la fin du siècle dernier, la Westphalie possédait un prophète célèbre nommé Jasper, c'était un berger d'un village près de Dormund, et l'on prétend que ses prédictions s'accomplissaient. Il disait entre autres choses : « J'ai des craintes du côté de l'Orient. Une guerre éclatera de ce côté avec tant de promptitude que le soir on dira : La paix, la paix, et qu'il n'y aura pas de paix, car le lendemain les ennemis seront déjà à la porte et tout retentira de bruits de guerre. »

Jasper parle d'une grande bataille entre Unna et Hamm ; il se livrera un grand combat près de Cologne et les ennemis doivent fuir jusqu'au carrefour du bouleau, entre Unna et Wœrll, où ils seront complètement battus, etc., etc.

Toutes ces prophéties ayant cours parmi les Allemands catholiques des provinces rhénanes semblent annoncer le triomphe de l'Eglise sur l'hérésie et on se demande si dans le nombre il n'y en aurait pas d'authentiques complétant celles de sainte Hildegarde, par exemple celle-ci qu'on racontait, je crois, jadis à l'abbaye d'Orval : « Après l'achèvement d'un pont fixe sur le Rhin, près de Cologne, une bataille des plus terribles sera livrée aux environs de cette ville. Quand la bataille sera près de commencer, un prince très pieux sera sur le point d'entendre la messe, et il voudra, avant de combattre, prier encore. Après la messe, un prêtre donnera la bénédiction du Saint-Sacrement de la main gauche. »

Nous n'apprécions pas, nous citons, en faisant observer que ce que les bons Allemands croyaient impossible est réalisé ; et, pour vous en convaincre, allez voir sur le Rhin le pont fixe de 412 mètres qui conduit aujourd'hui à la gare du Cologne-Minden.

XII

Quel singulier état que celui de notre société actuelle et que de bévues l'on commet pour ne l'avoir pas étudié au flambeau de la foi catholique !

Lors du rétablissement du culte, le diable vit s'écrouler ses espérances consistant à établir le spiritisme, forme perfectionnée de l'idolâtrie et appelé par ses prophètes la vraie religion. Mais il ne se tint pas pour battu, et, si nous sommes à l'aurore d'une ère nouvelle, il faut qu'avant la fin de la nuit d'orage commencée au XIIIe siècle que la tempête enlève tout ce qui n'est pas fixé à Jésus-Christ. La corruption des mœurs permet à Satan de séduire les masses et de prévaloir ; l'homme charnel en un mot crée son propre esclavage.

Quant à l'action du diable, elle est fort habile et voici sa tactique : entraver l'action de l'Eglise par la Franc-Maçonnerie, apôtre de toutes les doctrines révolutionnaires plus ou moins déguisées ; introduire dans la hiérarchie des personnages pervers ou inertes chargés de faire directement l'œuvre de la secte ou de paralyser le bien ; empêcher l'action toute puissante de la prière et des bonnes œuvres en berçant les catholiques de chimériques espérances ou en les effrayant par des craintes insensées.

Tel est le plan, aussi les voyons-nous attendre béatement et chercher le bleu au ciel sans rien faire, se complaisant dans leur paresse. Dieu seul sait combien ont contribué à ce résultat les fausses prophéties sur le Grand Pape et le Grand Roi, la fin du monde, la ruine de Paris, etc. Le diable prévoit aussi ce que pourra pour l'Eglise une France chrétienne et monarchique, aussi travaille-t-il à jeter la division parmi les Français et à les éloigner du roi légitime. Cette action puissante peut seule expliquer que ce peuple jadis si fier se résigne au plus effacé des rôles, le mettant à peu près au rang du Portugal et de la Roumanie, et ne cherchez pas ailleurs comment et pourquoi il y a des Français républicains quand notre plus cruel ennemi, M. de Bismarck, a écrit à M. d'Arnim, son ambassadeur, qu'il faut soutenir la République en France, parce qu'elle fait les affaires de la Prusse !

Mais Dieu, de son côté, n'a pas, dans sa miséricorde, voulu nous abandonner sans retour, et, pour multiplier les prières, les sacrifices, les pénitences, toutes choses qui sont instruments de notre salut, il a multiplié aussi en ce siècle les manifestations surnaturelles et divines.

Qui n'a au moins entendu parler d'Anna-Maria Taïgi, cette vénérable servante de Dieu, morte en odeur de sainteté le 9 juin 1837? Chacun sait également que, le 8 janvier 1863, le rescrit pour l'introduction de la cause en vue de sa béatification fut signé de la main de Pie IX.

Inutile de parler ici de ses prédictions touchant les faits déjà accomplis et dont on trouvera les détails dans sa vie écrite par le T. R. Père Callixte, de l'Ordre de la Très Sainte Trinité. Les seules qui rentrent dans notre cadre sont celles concernant ce qui pour nous est l'avenir.

L'auteur de sa vie a rapporté les prophéties d'Anna-Maria sur l'issue de la crise actuelle, et, pour éviter tous les écueils, il s'est prudemment borné à la reproduction pure et simple des pièces authentiques recueillies dans le procès de béatification.

« Un jour, raconte le cardinal Pedicini, elle priait « en versant un torrent de larmes. Elle offrait au « Seigneur ses peines et ses souffrances afin que les « pécheurs se convertissent, que le péché fut dé- « truit et que Dieu fut connu et aimé. Le Seigneur « daigna lui manifester les horribles péchés de per- « sonnes de toute condition et combien il en est of- « fensé. A cette vue, la Vénérable ressentit une pro- « fonde douleur et dit en soupirant : O mon bien « aimé, comment pourrait-on remédier à un si grand « désastre ? Il lui fut répondu : Ma fille, mon « épouse, mon Père et moi nous remédierons à tout.

« Après le châtiment... ! ceux qui survivront de-
« vront se comporter ainsi.., etc. Et elle vit une
« foule innombrable d'hérétiques rentrer dans le
« sein de l'Église ; elle vit aussi leur conduite édi-
« fiante et celle des autres catholiques. »

Une autre vision eut lieu lorsqu'elle était en oraison devant le petit autel de sa chambre dans la nuit du 21 mars 1812. La sainte femme priait pour les maux de l'Eglise et du monde entier. Elle vit paraître dans les airs un globe semblable à la terre entièrement entouré de flammes qui menaçaient de le consumer. D'un côté était Jésus crucifié, répandant un torrent de sang, à ses pieds la Sainte Vierge qui, ayant déposé son manteau de reine, priait instamment le divin Sauveur d'arrêter par les mérites de son sang offert pour les pécheurs les fléaux dont les hommes étaient menacés. Anna-Maria s'unit à cette prière et la vision disparut.

Anna-Maria parlait souvent à un prêtre, son confident, de la persécution que l'Eglise devait traverser et de la malheureuse époque où l'on verrait se démasquer une foule de gens que l'on croyait estimables. Elle demanda quelquefois à Dieu ceux qui résisteraient à cette terrible épreuve, il lui fut répondu : Ceux auxquels j'accorderai l'esprit d'humilité.

Pendant plusieurs jours de suite, elle vit se répandre sur le monde entier des ténèbres excessivement épaisses, puis tomber des débris de murs et de poutres comme si un grand édifice se fut écroulé.

Ce fléau lui avait été manifesté à plusieurs reprises dans le mystérieux soleil. Il plut à Dieu de lui révéler aussi que l'Eglise, après avoir traversé plusieurs douloureuses épreuves remporterait un triomphe si éclatant que les hommes en seraient stupéfaits, que des nations entières retourneraient à l'unité de l'Eglise romaine et que la terre changerait de face.

Telles sont les prophéties politiques d'Anna-Maria, et nous ne reproduisons aucun des racontars que l'on a mis sur le compte de la Vénérable, pas plus que certain récit qui fut communiqué à Mgr Luquet, par un prêtre fort honnête, mais qui, désirant le triomphe de Pie IX, a arrangé les choses de manière à faire dire à Anna-Maria ce qu'elle n'a jamais dit.

Quant aux romans qu'on a inventés au sujet des ténèbres dont il est parlé plus haut, nous nous contenterons de dire que la Vénérable n'en a jamais indiqué l'époque ni la durée, et comme elle voyait souvent des symboles dans le soleil, il est à penser que ces ténèbres sont aussi un symbole de l'erreur.

Quoiqu'il en soit, Anna-Maria Taïgi a été douée du don de prophétie et elle avait prédit, ainsi que Pie IX a déclaré le tenir d'un vénérable prêtre qui le lui avait répété souvent, qu'un moment viendrait où le Saint-Siège serait réduit à vivre des aumônes du monde entier mais que d'ailleurs elles ne manqueraient jamais.

XIII

Auprès d'Anna-Maria Taïgi, il est tout naturel de placer une autre sainte femme, Elisabeth Canori-Mora, née à Rome le 21 novembre 1774, et qui s'of-

3.

frit également en victime expiatoire. Dieu, en récompense, daigna lui montrer quelque chose des grands biens qu'il tirait de ses souffrances, et elle fut favorisée de visions sur l'avenir de Rome pour laquelle elle s'était donnée en sacrifice.

La principale de ses visions est la suivante, tirée de l'abrégé de sa vie, par le T. R. P. Calixte, pieux et savant religieux, dont nous sommes heureux de pouvoir nous dire l'ami.

En 1820, Elisabeth Canori-Mora, ayant connu les trames infernales ourdies contre l'Eglise et les châtiments prochains, consentit à endurer d'horribles tortures qui la réduisirent à l'agonie. Mais Dieu la récompensa par un torrent de délices célestes. « Ton sacrifice, lui dit Jésus-Christ, a fait violence à ma justice irritée ; je suspens le châtiment et laisse agir ma miséricorde. Les chrétiens ne seront pas dispersés, et Rome ne sera point privée de ses Pontifes. Je réformerai mon peuple et mon Eglise. J'enverrai des prêtres zélés et mon esprit renouvellera la face de la terre. Je rendrai la ferveur aux Ordres religieux par des réformateurs saints et savants, et je donnerai à mon Eglise un nouveau pasteur rempli de mon esprit ; par son zèle, il sanctifiera mon troupeau. » Ce pape n'a pas été Pie IX, puisqu'il n'a pas réformé les Ordres religieux.

En 1820 également, Elisabeth Canori eut une autre vision rapportée dans l'abrégé de sa vie traduite de l'italien. Son importance nous oblige à la donner ici toute entière.

« En 1820, dit-elle, le jour de la fête de saint Pierre, pendant que je priais pour les besoins de l'Eglise et pour la conversion des pécheurs au nombre desquels j'occupe le premier rang, je fus ravie au ciel et placée tout près de Dieu... Je vis le ciel s'ouvrir et en descendre avec majesté le prince des apôtres, accompagné d'une multitude d'esprits célestes, chantant des hymnes de louanges. Le glorieux apôtre était revêtu des habits pontificaux, et tenait en main une crosse avec laquelle il traça sur la terre une grande croix. Pendant qu'il traçait cette croix, il était entouré par les anges, qui chantaient en son honneur les paroles du psaume : *Constitues eos principes super omnem terram*... Vous les établirez princes sur toute la terre... Il appuya ensuite sa crosse aux quatre extrémités de la croix, et au même instant, il en sortit quatre arbres magnifiques, portant des fleurs et des fruits très précieux. Ces arbres mystérieux avaient eux-mêmes la forme d'une croix et étaient entourés d'une vive lumière. Le bienheureux apôtre alla ensuite ouvrir toutes les portes des couvents. Ces arbres devaient servir de refuge au petit troupeau de Jésus-Christ et préserver les bons chrétiens du terrible châtiment qui bouleversera le monde entier.

« Tous les bons chrétiens s'étaient réfugiés sous les arbres mystérieux. Je les vis sous la figure de jolies brebis confiées à la garde de saint Pierre, leur pasteur, et professant envers lui la plus humble soumission et la plus respectueuse obéissance. Aussitôt que le saint apôtre eut mis en lieu de sûreté le troupeau de Jésus-Christ, il remonta au ciel accompagné des anges. A peine eurent-ils disparus que le ciel se couvrit de nuages si sombres et si épais qu'il était impossible de le regarder sans être effrayé.

« Tout à coup il s'éleva un vent violent et impétueux, dont le sifflement ressemblait aux rugissements d'un lion en fureur. La terreur et l'effroi se répandront parmi les hommes et parmi les animaux.

« Tous les hommes seront en révolte, ils se tueront mutuellement et se massacreront sans pitié. Pendant ce combat sanglant, la main vengeresse de Dieu sera sur ces malheureux, et par sa puissance, il punira leur orgueil et leur témérité. Il se servira du pouvoir des ténèbres pour exterminer ces hommes sectaires et impies qui voudraient renverser la sainte Eglise et la détruire jusque dans ses fondements. Par leur malice audacieuse, ces hommes iniques prétendent faire descendre Dieu de son trône suprême, mais il se rira de leur astuce, et, par un signe de sa main puissante, il punira ces perfides et ces blasphémateurs en permettant aux puissances ténébreuses de sortir de l'enfer. D'immenses légions de démons parcourront alors le monde entier, et, par les grandes ruines qu'ils causeront, ils exécuteront les ordres de la justice divine. Ils s'attaqueront à tout et nuiront aux hommes, aux familles, aux propriétés, aux substances, aux cités, aux villages, aux maisons, et rien de ce qui est sur la terre ne sera épargné, Dieu permettant que ces sycophantes soient châtiés par la cruauté des démons, et punis d'une mort tragique et barbare, parce qu'ils se seront soumis volontairement au pouvoir infernal et qu'ils se seront alliés avec lui contre l'Eglise catholique.

« Afin que mon pauvre esprit fût bien pénétré de ce sentiment de la justice divine, on me montra l'horrible prison. Je vis alors s'ouvrir dans les profondes abîmes de la terre, une sombre et effrayante caverne pleine de feu et d'où sortaient une multitude de démons qui, ayant pris la forme d'hommes et de bêtes, venaient infester le monde, ne laissant partout que massacre et ruines. Heureux les bons et véritables catholiques ! Ils auront pour eux la puissante protection des saints apôtres Pierre et Paul, qui veilleront sur eux afin qu'il ne leur soit fait aucun dommage, ni dans leurs personnes, ni dans leurs biens. Les mauvais esprits dévasteront tous les lieux où Dieu aura été outragé, blasphémé et traité d'une manière sacrilège. Ces lieux seront ruinés, anéantis et il n'en restera aucun vestige.

« Après ce terrible châtiment, je vis tout à coup le ciel s'éclaircir. Saint Pierre descendit de nouveau, vêtu pontificalement, accompagné par des anges qui chantaient des hymnes à sa gloire, le reconnaissant ainsi comme prince de la terre. Je vis ensuite descendre du ciel l'apôtre saint Paul qui, par ordre de Dieu, parcourut l'univers, enchaîna les démons, et, les ayant amenés devant saint Pierre, celui-ci leur ordonna de rentrer dans les cavernes ténébreuses d'où ils étaient sortis.

« Alors parut sur la terre une belle clarté qui annonçait la réconciliation de Dieu avec les hommes. Les anges conduisirent devant le trône du prince des apôtres le petit troupeau qui était resté fidèle à Jésus-Christ. Ces bons et fervents chrétiens lui présentèrent leurs hommages respectueux et, bénissant Dieu, remercièrent l'apôtre de les avoir préservés de la ruine générale, et d'avoir conservé et soutenu l'Eglise de Jésus-Christ, en ne permettant pas qu'elle fut entraînée par les fausses maximes du monde. Le saint choisit alors le nouveau Pontife.

L'Eglise fut ensuite reconstituée, les Ordres religieux rétablis, et les maisons des chrétiens ressemblaient aux maisons religieuses, tant étaient grands le zèle et la ferveur pour la gloire de Dieu.

« Ce fut de cette manière que s'accomplit en un moment l'éclatant triomphe de l'Eglise catholique. Elle était louée, estimée et vénérée de tous. Tous se donnèrent à elle en reconnaissant le Souverain Pontife pour vicaire de Jésus-Christ. »

Vraiment, en reproduisant sur cette page cette vision symbolique et qui évidemment ne peut ni ne doit être prise à la lettre, nous pensions malgré nous au triomphe prédit par sainte Hildegarde, et nous croyions écrire l'histoire de notre époque. Saint Pierre était Pie IX promulguant le *Syllabus* et le Concile œcuménique définissant l'infaillibité et, par là même, consacrant implicitement les condamnations portées par ce grand Pape. Il en est qui sont abrités sous les arbres mystérieux, mais nous n'ignorons pas non plus combien se tiennent à l'écart. Il y a les sectaires qui règnent aujourd'hui sur le monde, il y a ceux qui, par lâcheté et surtout par cupidité, ont fait leurs œuvres; il y a ceux qui, se créant une soi-disant religion, refusent l'obéissance complète au dogme ; il y a tous ceux qui, à un degré quelconque, trempent dans la grande hérésie nihiliste. Et, devant cette immensité d'hommes déniant au Verbe ses droits indiscutables, il y a tout lieu de penser qu'un grand fléau peut être la réponse finale de Dieu aux provocations insolentes des hommes et de leurs gouvernements maçonniques.

Dans l'ouverture des couvents par saint Pierre, nous reconnaissons la sollicitude du Pape dispensant après la persécution les religieux des observances incompatibles avec leur nouvelle situation ; là, comme toujours, admirons-le dans sa sagesse. Au lendemain des sacrilèges a commencé la tempête effroyable que nous traversons. Le Concile du Vatican étant suspendu, la persécution s'est abattue sur l'Eglise avec une telle violence, qu'on s'est demandé si la barque du pêcheur n'allait pas sombrer ou tout au moins jeter l'ancre dans quelque baie obscure d'un rivage ignoré.

Mais il n'y a pas à en douter ; sous l'action d'un Souverain Pontife, on verra en même temps que la régénération des Ordres religieux un grand triomphe de l'Eglise, celui prédit par sainte Hildegarde.

Une des parties les plus curieuses des prophéties d'Elisabeth Canori-Mora est celle qui a trait aux châtiments que les démons infligeront aux ennemis de Dieu.

On sait en principe que les mauvais esprits se délectent à faire couler le sang humain et à exciter aux guerres, révolutions et assassinats ; bien des saints personnages les ont vus à l'œuvre et ils ont encore un autre moyen de nuire aux hommes, c'est de les aveugler de manière à leur donner des gouvernements opposés à leurs intérêts.

Bien plus les démons, — cela est un fait historique, — peuvent agir directement, d'une manière visible ou invisible. Ils peuvent susciter des orages et des tempêtes, troubler l'atmosphère, transporter des insectes ou des miasmes. L'Ecriture Sainte parle des fléaux envoyés par les anges mauvais et nul n'ignore l'histoire du démon, gardien de la fille de Raguel et qui, la première nuit des noces, tua chacun de ses sept époux.

Saint Grégoire le Grand dit en ses *Dialogues* (livre IV, chapitre 36) : « En 590, il y a trois ans, avant la terrible peste dite inguinale et qui devait dépeupler les villes, vous le savez, on voyait de ses yeux corporels les flèches tomber d'en haut et frapper chaque victime. Vous le savez encore, bien chers frères, notre Etienne fut du nombre et y périt. »

Dans sa description de la peste de Justinien, Procope nous montre toute une collection de fantômes frappant sur la place publique ceux qui allaient s'en trouver atteints incontinent, et cela tout aussi bien pendant la veille que pendant le sommeil. Les pauvres patients se lamentaient des tortures infligées par ces fantômes.

Paul Diacre dit que, de son temps, en observant la marche des spectres pestifères, certaines gens parvenaient à désigner à coup sûr les maisons et les familles qui étaient le plus menacées, et il ajoute que dans la grande peste de Constantinople on voyait distinctement un spectre accompagné d'un bon ange et qu'autant de fois que le bon ange frappait sur les portes, autant de victimes mouraient dans les maisons.

Enfin, le 20 décembre 1348, une grande colonne de feu resta suspendue pendant une heure au-dessus de la ville d'Avignon qui se trouva aussitôt envahie par la peste noire et la même année, au mois d'août, un globe de feu demeura sur la ville de Paris, annonçant le même fléau.

Les libres-penseurs qui parlent théologie à la manière des commis-voyageurs, les médecins qui n'ont pas trouvé l'âme sous leur scalpel vont bien rire ; nous, catholiques, nous admettons que si l'homme n'est pas Dieu et que s'il y a un monde surnaturel, il peut y avoir des faits au-dessus de la nature ; et, devant des affirmations historiques, nous voudrions connaître sur quoi s'appuie leur négation. Dieu, croyons-nous, ne les a pas appelés en son conseil et nous pourrions courir le risque de mourir de faim si le blé ne devait plus pousser parce que ces beaux messieurs n'ont jamais pu expliquer la germination d'une graine.

En attendant, nous pouvons espérer que si les fléaux ont déjà atteint la vigne par le phylloxera, le diable pourra nous débarrasser de bien d'autres gens de ses amis, ce qui n'est nullement contraire aux règles de la démonologie. Nous en avons d'autant plus la confiance qu'Elisabeth Canori est morte en odeur de sainteté et qu'à Rome où l'on est bon juge, ses prophéties sont réputées au nombre de celles qu'on croit venir de Dieu.

XIV

Un autre personnage de notre temps, le vénérable Père Bernard-Marie Clausi, minime, mort en 1849 et de la béatification duquel on s'occupe en ce moment, eut aussi à un haut degré le don de prophétie.

Joseph Caperoni, Romain, atteste avec serment qu'en 1831, le Père Clausi lui dit : Vous verrez une époque très douloureuse, et qu'en 1849, lorsque le

Père était sur le point de retourner à Paola, il lui dit encore : Souvenez-vous bien de ce que je vous ai dit. Puis il ajouta : Les choses arriveront au comble ; mais quand la main de l'homme ne pourra plus rien et que tout semblera perdu, c'est alors que Dieu y mettra lui-même la main et arrangera toute chose en un clin d'œil comme du matin au soir. Chacun en éprouvera une telle joie dans son cœur qu'il lui semblera goûter les délices du paradis et les impies eux-mêmes seront obligés de confesser que tout cela s'est fait par la main de Dieu.

La Mère Marie-Marguerite Landi, religieuse de Saint-Philippe de Néri, et pénitente du père Clausi, atteste sous la foi du serment la déclaration suivante :

« Il viendra, dit le Père Bernard, un grand fléau qui sera terrible et dirigé uniquement contre les impies. Ce sera un fléau tout nouveau, qui n'aura jamais eu lieu. Ce fléau se fera sentir dans le monde entier et il sera si terrible que ceux qui lui survivront s'imagineront être les seuls épargnés et tous seront bons et repentants. Ce fléau sera instantané, momentané, mais terrible. Il me disait clairement, ajoutait encore la Mère Marguerite Landi qu'il ne serait plus en ce temps-là, mais que j'y serai et qu'après cela j'aurai tant de joie que j'oublierai la souffrance. Ensuite viendrait une réorganisation générale et le grand triomphe de l'Eglise, au sujet duquel il disait : Heureux ceux qui vivront en ces heureux temps où l'on vivra dans une vraie charité fraternelle. »

Il lui disait aussi : « Gardez-vous bien de croire ceux qui vous diront de quelle sorte sera le fléau, parce que ce sera une chose tout à fait nouvelle que Dieu n'a révélée à personne et dont il s'est réservé à lui seul le secret. »

Nous n'avons aucun motif sérieux de ne pas accepter ces prédictions ; toutefois il aurait pu se faire qu'involontairement les intermédiaires aient un peu exagéré la conséquence du fléau.

XV

Nous dirons la même chose au sujet de la Mère Marie-Agnès-Claire Steiner, réformatrice de l'Ordre de Sainte-Claire et pieusement décédée en 1862. Elle jouit de l'estime de Pie IX et de celle du cardinal Pecci, aujourd'hui Léon XIII.

Elle posséda le don de prophétie à un degré éminent, et ses révélations ont cela d'intéressant qu'elles expliquent le plan divin concernant les hommes coupables. Nos péchés amènent la réprobation de ceux qui abusent de la grâce et parmi leurs suites il faut ranger les morts subites, la perte de la foi, les persécutions contre l'Eglise qui sont la cause de la damnation de beaucoup.

En 1845 la Sainte Vierge disait à la Mère Steiner : « Si l'on n'obtient pas grâce par les prières, le temps viendra où l'on verra l'épée et la mort et Rome sera sans pasteur. » Rome même méritait d'être privée du Souverain Pontife dès 1846, mais Dieu lui accorda deux années de délai.

En 1852, elle écrivait que Dieu ne pouvait plus suspendre les châtiments et que la Sainte Vierge lui apparaissait, déplorant avec des larmes de sang l'ingratitude des hommes et leur mépris des grâces accordées, ce qui l'empêchait de pouvoir apaiser la colère divine.

En 1843 la mère Steiner avait vu une foule de démons sortir de l'enfer et venir sur la terre pour ruiner la foi ; c'est en effet l'époque où commença l'invasion du spiritisme et où Michel Ventras faisait ses prédictions. Aussi Notre Seigneur lui répétait-il sans cesse que le seul moyen d'empêcher les fléaux de fondre sur le monde et les âmes de se perdre était que chacun s'efforçât d'abord de renoncer au péché et que les prêtres et les religieux devaient prier et se mortifier pour le salut des autres. Et, le 26 janvier 1854, la Sainte Vierge, lui faisant les mêmes recommandations, ajoutait : « Il y a des choses qui déplaisent et auxquelles on ne veut pas croire ; mais toi, tu n'as qu'à obéir et tu peux me laisser le soin du reste. Il y aura une autre tempête et puis viendra la tranquilité. Alors tous ou presque tous seront renouvellés si on met la main à l'œuvre. » Elle lui dit ensuite : « Vois combien d'hommes alors auront disparu de la terre. » Mais on ne lui montra pas comment ils seraient détruits.

Nous serions loin d'être complets si nous ne citions ici un fait fort curieux et concernant un de nos contemporains, le père Hyacinthe Coma, franciscain espagnol, mort en grande réputation de sainteté.

Prêchant en 1849 aux religieuses de l'Immaculée Conception, il fit entendre des paroles tellement claires que nous ne nous attarderons pas à les expliquer.

« Le monde s'écriai-t-il, mes chères sœurs, court à pas de géant vers sa ruine, mais il se relèvera avec la grâce de Dieu et par l'intercessiou de la Vierge Immaculée, notre très aimante Mère...

« C'est pourquoi, mes chères sœurs, ne vous étonnez pas si vous voyez un jeune et inexpérimenté monarque renversé de son trône par des menées ténébreuses et chercher un asile dans la Ville Eternelle. Ne vous étonnez pas si vous voyez la vaine et ignorante impudicité d'une femme renversée par ceux même qui l'ont partagée et chercher un court asile dans un foyer de corruption. Ne vous étonnez pas si vous voyez l'orgueil et l'hypocrisie, qui devaient leur élévation à l'épée, recourir plus tard, quoique inutilement, à la même épée pour se soutenir. Ne vous étonnez pas si vous voyez la faiblesse, mais déjà prématurément méchante, renversée par ceux-là même qui ont renversé la vaine et ignorante impudicité d'une femme. Ne vous étonnez pas enfin si vous voyez un voleur couronné tomber ignominieusement au moment même où il va consommer, quoique forcé, un nouveau vol sacrilège.

« Ce que je viens de vous dire, mes sœurs, vous ne le comprenez pas maintenant, mais plus tard plusieurs d'entre vous verront comment s'accomplissent mes paroles...

« Les menaces des ennemis de Pie IX sont sur le point de se réaliser ; mais il lève les yeux au ciel et s'écrie du fond du cœur : *Gaudeamus in Domino semper*. Pie IX sait par expérience que le peuple romain est faible, mais il sait aussi par expérience que ce même peuple est protégé par le tombeau de l'apôtre et qu'il ne peut périr. Les barbares frapperont aux portes de Rome, mais ses portes ne s'ouvriront jamais pour eux que pour les perdre fatalement. Alors le temple de Janus se fermera et l'Europe sera en paix.

« La Providence tient en réserve un moyen imprévu qui fera d'un seul coup ce qui aurait demandé beaucoup de temps en suivant le cours naturel des choses. Ce sera alors que les hommes ouvriront les yeux à la réalité, et que tous se lèveront contre les usurpateurs et les destructeurs de l'humanité. »

La prophétie du franciscain espagnol est en partie accomplie ; l'avenir nous dira si les événements lui donneront raison jusqu'à la fin.

Il en est de même de celle de Maria-Antonia de Senor, dite la Pèlerine et morte en 1863, à Albes de Torres. Cette sainte femme, que la France connaît grâce à M. l'abbé Richaudeau, le vénérable prêtre, dont nous parlerons dans un moment à propos de la prophétie de Blois, a su également par avance les malheurs de l'Eglise, qui, comme la Sainte Vierge le lui révéla, triomphera à la fin et arrivera à jouir de la paix.

XVI

Qui ne se rappelle le bruit fait en 1870 autour de la prophétie de Blois, bien discréditée aujourd'hui et même considérée par quelques-uns comme apocryphe à cause de la non réalisation d'espérances que l'on fondait sur elle, bien qu'elle ne les eut jamais données?

Quant à nous qui, — on le voit par ce travail, — nous sommes un peu occupés de prophéties, nous la considérons comme une des plus certaines et des plus authentiques de toutes celles concernant les événements qui se préparent, et si nous devons faire observer consciencieusement que dans une prophétie qui ne fut point écrite, de petits détails ont pu donner lieu à l'erreur, il est certain qu'il y a des faits importants et typiques qui se gravent dans la mémoire de l'auditeur et qui ne prêtent pas aux variations.

Le texte que nous allons donner ici, sans commentaire, est celui de M. l'abbé Richaudeau, prêtre sérieux et intelligent, docteur en théologie, aumônier de religieuses et qui a publié ces prédictions comme authentiques, après avoir connu particulièrement la mère Providence.

Mais auparavant, qu'est-ce que la Prophétie de Blois?

En 1804, se mourait chez les Ursulines de Blois, à l'âge de cinquante-cinq ans, une simple tourière, sœur Marianne. Les malheurs des temps, le triste état du couvent où l'on n'avait pu rétablir la clôture et qui était privé de vocations nouvelles, étaient autant de causes de chagrin pour cette âme pieuse; aussi Dieu semble-t-il avoir voulu consoler ses dernières heures de vie et laisser par son intermédiaire à ses compagnes une dernière et fortifiante espérance. Sœur Marianne recevait souvent la visite d'une aimante et douce jeune fille, Mlle de Leyrette, et quand la pauvre Marianne eut vu se dérouler devant elle les secrets de l'avenir, ce fut elle qui devint sa confidente.

Sœur Marianne ne voulut pas à coup sûr faire de prédictions politiques, tout ce qu'elle dit se rapporte à son cher monastère, et quand le bon Dieu, qui aime tant ses petites créatures, lui eut montré l'avenir, quand elle-même l'eut révélé à Mlle de Leyrette, elle ajouta : « Revenez me voir, j'ai encore bien des choses à vous dire. Ah ! que c'est beau, que c'est beau ce que j'ai à vous dire. » On allait alors donner la bénédiction du Saint Sacrement, Mlle de Leyrette y courut ; quand elle revint auprès de la chère malade, elle ne la trouva plus ; sœur Marianne s'en était allée vers Celui qu'elle avait fidèlement servi.

Or, voici la prophétie que nous a transmise Mlle de Leyrette, qui, suivant la prédiction de sœur Marianne, devint religieuse et s'appela mère Providence. Elle trouva d'abord de l'incrédulité, mais certains faits prévus et accomplis lui attirèrent la créance des religieuses, et, comme sœur Marianne avait défendu de l'écrire, elle a été conservée par la tradition. Souvenons-nous que, faite en 1804, elle commence à la Restauration :

1. La famille des Bourbons reviendra en France, alors qu'elle semblera oubliée, parce qu'un usurpateur fera retentir son nom partout.

2. Sa décadence arrivera alors qu'il se croira plus affermi.

3. Malheureusement il reparaîtra avant un an d'exil et régnera ; il ne restera au plus que trois mois.

4. La France sera affligée par l'assassinat d'un prince qui paraîtra l'unique espérance de nos rois.

5. Mais il revivra dans un fils inattendu.

6. De nouveaux troubles, que vous verrez, mais que les mères Saint-Aubin, Saint-Joseph et sœur Monique ne verront pas, auront lieu. On se cachera dans les blés.

7. Si ces troubles devaient être les derniers ! ! ! Mais ils recommenceront dans un mois de février

(vous serez sur le point de faire une cérémonie de vœux, et vous ne la ferez pas), ensuite avant la moisson.

8. Alors un prêtre de Blois partira pour Paris ; il y restera trois jours et reviendra sans qu'il lui arrive rien. Un autre qui ne sera pas de Blois partira ensuite ; il n'ira pas jusque-là parce qu'il ne pourra pas entrer ; il reviendra le même jour.

9. Tous les hommes partiront ; on les fera partir par bandes et petit à petit ; il ne restera que les vieillards.

10. Ces pauvres séminaristes !... Mais il ne leur arrivera rien, car ils seront sortis quand les malheurs arriveront. Ils ne rentreront pas au temps fixé, pourtant ils auraient pu rentrer.

11. La mort d'un grand personnage sera cachée pendant trois jours. (La mère Providence depuis plusieurs années disait onze jours.)

12. Les grands malheurs arriveront avant les vendanges.

13. On descendra un matin sur le champ de foire et on verra les marchands se dépêcher d'emballer. — Pourquoi, leur dira-t-on, emballez-vous si vite ? — Nous voulons, répondront-ils, aller voir ce qui se passe chez nous.

14. Que ces troubles sont effrayants.

15. Pourtant ils ne s'étendront pas dans toute la France, mais seulement dans quelques grandes villes où il y aura des massacres et surtout dans la capitale, où il sera grand.

16. Il n'y aura rien à Blois. Les religieuses auront grand peur. L'Evêque s'absentera dans un château. Nos messieurs iront le voir le matin et reviendront le

soir. Quelques prêtres se cacheront; les églises seront fermées, mais si peu de temps qu'à peine on s'en apercevra. Ce sera au plus l'espace de vingt-quatre heures.

17. Vous serez vous-mêmes sur le point de partir, mais la première qui mettra le pied sur le seuil de la porte, dira : Rentrons, et vous rentrerez. On dira que vous êtes sorties, mais ce ne sera pas vrai.

18. Avant ce temps on viendra dans les églises et on fera dire des messes pour les hommes qui seront au combat.

19. Quant aux prêtres et aux religieuses, ils en seront quittes pour la peur.

20. Il faudra bien prier, car les méchants voudront tout détruire. Avant le grand combat, ils seront les maîtres et feront tout le mal qu'ils pourront, non tout ce qu'ils voudront, parce qu'ils n'en auront pas le temps.

21. Ce grand combat sera entre les bons et les méchants; il sera épouvantable. On entendra le canon à neuf lieues à la ronde.

22. Les bons, étant moins nombreux, seront un moment sur le point d'être anéantis; mais, ô puissance de Dieu, ô puissance de Dieu, tous les méchants périront. — Tous les méchants périront, ma bonne Marianne? demanda Mlle de Leyrette. — Oui, et beaucoup de bons.

23. Les derniers hommes qui partiront n'iront pas loin; leur absence sera tout au plus de trois jours de marche. Ils apprendront en route que tout est fini et ils reviendront.

24. Ce temps sera court; s'il était long, personne n'y tiendrait. Ce seront partout les femmes qui pré-

pareront les vendanges, et les hommes viendront les faire parce que tout sera fini.

25. Pendant ce temps, on ne saura les nouvelles au vrai que par quelques lettres particulières.

26. A la fin, trois courriers viendront. Le premier annoncera que tout est perdu. Le second, qui arrivera pendant la nuit, ne rencontrera qu'un seul homme appuyé sur sa porte. — Vous avez grand chaud, mon ami, lui dira cet homme; descendez prendre un verre de vin. — Je suis trop pressé, répondra le courrier, puis il continuera sa route vers le Berry.

27. Vous serez en oraison quand vous entendrez dire que deux courriers sont passés. Alors il en arrivera un troisième, feu et eau, qui dira que tout est sauvé, et qui devra être à Tours dans une heure et demie.

28. Vous chanterez un *Te Deum*. Parlez-moi de ce *Te Deum*. Ce sera un *Te Deum* comme on n'en a jamais chanté. Ce sera à qui parmi les mères voudra ses filles au couvent. — Cette prospérité durera-t-elle longtemps? demanda Mlle de Leyrette. — Ah! dame, vous n'en verrez pas la fin, ni celles qui seront avec nous non plus... Quelle union et quelle charité dans la communauté! On disait qu'il y en avait... Oui, mais c'est maintenant qu'il y en a!...

29. Pendant quelque temps, on ne saura pas à qui l'on appartiendra; mais ce ne sera pas celui qu'on croira qui régnera; ce sera le sauveur accordé à la France, et sur lequel elle ne comptait pas.

30. Le prince ne sera pas là, on ira le chercher.

31. Il faudra quinze à vingt ans pour que la France se relève de ses désastres. Cependant le calme re-

naîtra, et, depuis ce moment jusqu'à une paix parfaite et jusqu'à ce que la France soit plus florissante et plus tranquille que jamais, il s'écoulera à peu près vingt ans.

32. Le triomphe de la religion sera tel que l'on n'aura jamais rien vu de semblable. Toutes les injustices seront réparées ; les lois civiles seront mises en harmonie avec celles de Dieu et de l'Eglise ; l'instruction donnée aux enfants sera éminemment chrétienne ; les corporations d'ouvriers seront rétablies.

La mère Providence, qui n'a fait que redire ce qu'elle avait entendu de la bouche de sœur Marianne et qui a vu à l'œuvre les hommes de Septembre, c'est-à-dire la même secte qui prépare la persécution, a parfaitement pu croire devoir assister elle-même aux événements prédits. On m'a même affirmé qu'en 1870 on n'avait pas, crainte de violences, osé imprimer le texte exact.

La prophétie, selon nous, prouve que le grand coup prédit n'est pas la guerre de 1870-71. Aux termes du § 24, par exemple, tout sera fini aux vendanges ; or, en 1870, la campagne était loin de finir à cette époque de l'année, puisque l'armistice n'a été signé qu'en 1871. On n'a pas été chercher le prince, etc.

Enfin, M. l'abbé Richaudeau complète le texte, comme il suit :

« Avant les grands désastres, on fera une construction. La principale bâtisse sera faite, mais on ne fera pas tout ce qu'on avait projeté. — En effet, en 1867, les Ursulines de Blois, jetèrent les fondements d'une chapelle qui fut achevée en 1870 ; mais elles ne firent pas d'autres constructions qu'elles avaient projetées en commençant à bâtir la chapelle.

« On entendra le roulement de grosses voitures attelées de bœufs qui emmèneront les effets de ceux qui fuiront devant l'ennemi.

« Il y aura des choses telles que les plus incrédules seront forcés de dire : le doigt de Dieu est là.

« Tant qu'on priera, il n'arrivera rien; mais il viendra un moment où l'on cessera de faire des prières publiques, On dira : les choses vont rester comme cela. C'est alors qu'auront lieu les événements. Néanmoins les prières particulières ne cesseront pas. »

XVII

On se rappelle ce que nous avons dit plus haut de la liaison de l'extension du culte du Sacré-Cœur et du relèvement de la France. Une sainte religieuse de notre siècle, la mère Marie de Jésus, du couvent des Oiseaux à Paris, et qui, ainsi qu'elle l'avait annoncé à l'avance, mourut le jour de la fête du Sacré-Cœur en 1834, eut à ce sujet des communications spéciales.

Voici ce qu'a écrit sur cette question, un prêtre expérimenté, et vertueux, le père Ronsin :

Abîmée dans le Sacré-Cœur de Jésus, elle y voyait clairement les désirs de ce Cœur adorable , tout embrasé d'amour pour les hommes, et les desseins particuliers de sa miséricorde sur la France. Il lui fut dit et répété souvent par Jésus-Christ même dans ses extases, que le vœu de consécration de la France au Sacré-Cœur, attribué à Louis XVI, était bien véritablement de lui, que c'était lui-même qui l'avait composé et prononcé. Le divin Sauveur avait ajouté qu'il désirait ardemment que ce vœu fut exécuté, c'est-à-dire que le Roi consacrât sa famille et tout son royaume à son divin Cœur, comme autrefois Louis XIII à la Sainte Vierge ; qu'il en fit célébrer la fête solennellement et universellement, tous les ans, le vendredi après l'octave du Saint Sacrement et qu'enfin il fit bâtir une chapelle et ériger un autel en son honneur.

Le 21 juin, qui suivit sa prise d'habit et qui cette année-là était la fête du Sacré-Cœur, Notre-Seigneur lui renouvela ses anciennes communications sur la consécration de la France à son Sacré-Cœur et il lui dit : « La France est toujours bien chère à mon divin Cœur, et elle lui sera consacrée. Mais il faut que ce soit le Roi lui-même qui consacre sa personne, sa famille et tout son royaume à mon divin Cœur et qu'il lui fasse, comme je te l'ai déjà dit, élever un autel, comme on en a élevé un, au nom de la France, en l'honneur de la Sainte Vierge. Je prépare à la France un déluge de grâces, lorsqu'elle sera consacrée à mon divin Cœur. Eh quoi, reprit Notre-Seigneur, les outrages faits à la majesté royale ont été réparés publiquement et les outrages sans nombre que j'ai reçus dans le sacrement de mon amour n'ont pas encore été réparés ! On craint de parler au Roi ; on craint qu'il ne soit pas disposé à entendre parler de ce double bonheur pour lui, aussi bien que pour sa famille et pour son royaume ! Ah ! je tiens tous les cœurs dans ma main et celui du Roi est disposé à faire tout ce qu'on lui demandera pour ma gloire. Tous les jours il en donne des preuves. La demande qui lui a été faite de travailler à la béatification de la Mère Marguerite-Marie Alacoque n'en est-elle pas la preuve, puisqu'il n'a pas mieux demandé? Que M*** parle et il verra. Je prépare toutes choses. La France sera consacrée à mon divin Cœur.» — Il lui fut dit aussi que les heureux succès de la guerre d'Espagne étaient dus à la véritable dévotion et aux hommages rendus par le duc d'Angoulême au Sacré-Cœur.

Chose curieuse, le Roi avait en effet ordonné au grand aumônier de France de s'entendre avec le ministre des affaires étrangères au sujet de la béatification de la vénérable Marguerite-Marie, et la sœur Marie de Jésus n'en pouvait rien savoir, sinon par une voix surnaturelle. C'est ce qui frappa le Père Ronsin qui était dans le secret.

On sait qu'on n'osa pas faire les démarches auprès du Roi et que la Restauration ne fut pas appelée à sauver la France par le moyen indiqué par le Sacré-Cœur lui-même. Qui aura cette grande mission ?

En attendant, la République, qui sans doute ne croit pas plus aux révélations divines qu'à Dieu, pense nous rendre le sceptre du monde en mettant Jésus-Christ sous les scellés, rue de Sèvres, à Paris, et récemment à Marseille. Puisse la France ne pas voir ainsi avant le « déluge de grâces, » le déluge de colère pour ce sacrilège effroyable renouvelé de Pilate.

XVIII

Au nombre des révélations bien connues de ce siècle, se trouvent celles de la mère du Bourg, fondatrice de la congrégation des Sœurs du Sauveur, à Limoges; mais, hâtons-nous de le dire, les auteurs de certains recueils en ont abusé d'une manière étrange.

Si l'on croit que les « vues intérieures » de la mère du Bourg sont des révélations divines, question sur laquelle nous n'osons nous prononcer, il faut rejeter mille racontars et s'en tenir à ce qu'elle a écrit. Après 1830, elle entendit le Seigneur dire d'une voix menaçante : « Vous m'avez méprisé; vous avez fait apostasier mon peuple en le faisant travailler le dimanche. La jeunesse a été livrée aux impies ».

Nous recommandons à nos gouvernants de méditer cette dernière cause de la colère de Dieu.

On a beaucoup parlé également d'une prophétie du vénérable curé d'Ars à un frère lazariste. Malheureusement le bon frère a, croyons-nous, un peu arrangé les choses. L'abbé Vianney lui avait bien annoncé nos désastres, et lui avait prédit en même temps un retour offensif des Allemands qui, cette fois, devaient être écrasés; or le frère a, comme il arrive trop souvent en pareil cas, réuni les deux choses en une seule, et, pour lui, cette seconde campagne devenait la suite immédiate de la première.

Quoiqu'il en soit, le frère lazariste a annoncé des choses qu'humainement parlant il ne pouvait connaître et il nous serait facile de nommer un religieux qui, partant en 1870, comme aumônier militaire, le rencontra. Le frère lui dit que nous serions battus, et, comme le prêtre se récriait, son interlocuteur lui répéta que nous serions battus, complètement battus, qu'il le tenait du curé d'Ars. Au retour, le frère interrogé par ce même aumônier, homme des plus sérieux, dit tenir du curé d'Ars que les Prussiens reviendraient encore, mais que cette fois ils seraient vaincus.

La discrétion nous oblige à taire ici le nom d'une religieuse morte dernièrement en odeur de sainteté et dont on prépare actuellement le procès de canonisation. Je ne puis dire davantage le nom de l'Ordre célèbre auquel elle appartenait, mais ce que je puis affirmer c'est qu'il lui arrivait de faire des prophéties.

Des personnes dignes de foi, et paraissant bien informées, racontent qu'en 1873, comme ses sœurs se réjouissaient d'une restauration qui semblait déjà un fait accompli, elle leur dit : Ne vous réjouissez pas ..... La France tombera dans un tel désarroi qu'on la croira à deux doigts de sa perte, et c'est alors que Dieu la sauvera par un moyen qu'il n'a jamais employé.

Nous n'avons pu contrôler autrement l'exactitude de cette prédiction, mais dans le monastère où cette religieuse est morte saintement, on demeure fort tranquille et on semble avoir reçu l'assurance que la persécution n'atteindra pas la communauté.

XIX

Parmi les auteurs de certaines prophéties politiques, il s'est trouvé de notre temps des personnes stigmatisées.

Si, au lieu d'une brochure toute française et toute politique, nous écrivions un traité de mystique divine et diabolique nous parlerions de la stigmatisation, on comprend que ce n'est pas le cas. Cependant nous dirons que nous nous défions beaucoup des stigmates et voici pourquoi.

D'abord il y a des gens stigmatisés par une opération diabolique, c'est un principe qu'aucun théologien ne niera, et de là une difficulté immense quand il s'agit de distinguer l'origine des stigmates ; disons mieux, il n'y a qu'un criterium, c'est le jugement de la sainte Eglise ; et même dans l'Eglise, l'inexpérience en pareille matière d'un évêque ou de ses délégués pouvant l'induire en erreur, il faut le jugement de la Sainte Inquisition, laquelle n'a admis, que je sache, la provenance divine d'aucun stigmates vus en ce temps. Elle s'est contentée de condamner comme fausse ou diabolique la stigmatisation de certaines femmes telle que Palma d'Oria et Berguille. On le voit donc, un grand nombre de cas peuvent provenir soit d'intervention diabolique, soit d'un état pathologique nerveux, soit même de causes du ressort de la police correctionnelle ou de la cour d'assises. N'oublions pas que des personnes, du reste pieuses, peuvent tomber sous le joug du démon et sont ainsi possédées comme ces malheureux du corps desquels Notre-Seigneur chassait le diable. Satan, depuis le péché originel, abuse de sa force contre nous, de la même façon que l'homme se sert de la sienne pour tyranniser la femme, et ceci devrait servir de règle de conduite à ces âmes ambitieuses qui désirent des prodiges sur elles-mêmes, quand elles pourraient se sauver et même devenir de grandes saintes, par une vie vertueuse dépourvue de tout éclat.

Nous ne sommes pas de force à dire l'origine des stigmates et des révélations d'Anne-Catherine Emmerich ; mais il est certain que ses visions renferment, outre des choses suspectes, des propositions absolument hérétiques.

Elles prétend, par exemple, contrairement à la tradition de toutes les églises d'Orient que la Sainte Vierge est morte et enterrée à Ephèse et non à Jérusalem ; elle fait voyager Jésus-Christ dans l'île de Chypre, après l'avoir fait naître au mois de novembre. Jusqu'ici c'est peut-être de la fantaisie ; mais voici qui est plus fort, car, chose monstrueuse, elle a vu Élie corrigeant les livres sacrés, parce que, dit-elle, le texte en a été notablement corrompu. Désormais on comprendra pourquoi nous nous en tenons là au sujet des prophéties d'Anne-Catherine, ce qui ne saurait nous dispenser de nous incliner devant la vie toute édifiante de cette sainte fille.

La sœur Bertine de Saint-Omer a été, pensons-nous, purement et simplement le jouet du diable. La sœur Josèphe dont l'âme souffrante lui apparut et lui indiqua les moyens de tirer d'embarras une pauvre servante accusée de vol, nous a tout l'air non de la sœur Josèphe, mais d'un Esprit, car les âmes ignorent ce qui se passe sur la terre, et cet Esprit n'était pas précisément un ange. Donnant à sœur Bertine une quittance destinée à aller chercher une somme due à la défunte et qui n'apparaissait aux yeux de la communauté que comme du papier blanc, la sœur Josèphe lui faisait commettre deux mauvaises actions, en premier lieu une violation de la règle, secondement une violation du droit, car les morts ne possèdent plus et sœur Josèphe eût dû se souvenir que « le mort saisit le vif. »

Sœur Bertine fut de bonne foi, mais, sous la robe de sœur Josèphe, le diable semble avoir laissé passer ses pieds fourchus et sa queue.

Nous pensons qu'il en peut être de même au sujet de Louise Lateau, la célèbre stigmatisée de Bois-d'Haine en Belgique, et cela pour deux motifs.

Le premier c'est qu'en dépit de l'enthousiasme qu'elle a excité un saint évêque, confesseur de la foi, martyr mort pour la défense des immunités ecclésiastiques, qui sut discerner les francs-maçons les mieux dissimulés, mourut d'un poison lent qu'ils lui avaient fait aspirer, prédit le jour et l'heure de son trépas, et près du cercueil duquel nous avons eu naguère le bonheur de prier, avait vu Louise Lateau et il disait que, devant lui, la perspicacité de cette femme en extase se trouva en défaut. En un mot, il n'osait affirmer le surnaturel divin.

La seconde raison, c'est que, tandis que la Sainte Vierge, à Lourdes notamment, semble une mère de miséricorde, Louise Lateau n'entend qu'en frémissant parler de miséricorde pour notre chère France, semblable en cela à la démoniaque Palma d'Oria; et comme la sœur Imelda du Saint-Sacrement dit avoir vu dans une vision Louise Lateau, nous ajouterons peu de créance à la même Imelda.

Heureux si notre sévérité vis-à-vis des stigmatisées ne nous attire pas maints horions de la part de leurs barnums, mais nous avons l'espérance de n'être pour cela ni impies ni incrédules ; bien mieux nous engageons les fidèles à fuir les saintes de mauvais aloi.

C'est ainsi que nous leur conseillerons de se méfier un tant soit peu de la célèbre religieuse de Notre-Dame-des-Gardes qui, d'après le texte inséré dans les *Voix prophétiques*, de M. l'abbé Curicque, aurait annoncé pour 1820 le retour de Louis XVII, échappé du Temple et ramené en France par l'empereur de Russie, tandis que l'armée des royalistes allait au devant de ce grand monarque. Nous sommes, on le voit, en plein Charenton.

Quant à l'abbé Souffrant, du diocèse de Nantes, nous ne savons si les élucubrations de son propre esprit sont mélangées à des prophéties, mais nous sommes en droit de reprocher à certains compilateurs leur talent vraiment merveilleux. Ils se gardent en effet de nous dire que le bon curé ne croyait pas à la mort de Louis XVII. — Que voulez-vous, il y a bien un original qui a prouvé que Napoléon Ier ne fut qu'un mythe. — Ils auraient dû également constater que les prédictions du curé de Maumusson sont tombées à faux en ce qui concerne les événements accomplis depuis 1848. C'est ainsi que les grands événements devaient avoir lieu quand un Bonaparte changerait la monnaie ; ce fait eut bien lieu au commencement de l'Empire et depuis lors, on le sait, les événements ont passablement tardé.

Faut-il croire davantage aux prédictions de Marie Lataste ? Il suffira de répondre qu'elle a vu Pie IX vainqueur après trois ans et un peu de temps encore après ces trois ans, lesquels datent du moment où Rome paraissait succomber. Or, c'est à peine si, de nuit, on a pu conduire à leur dernière demeure les restes du pontife, et il est probable que son successeur ne verra pas la fin de la captivité.

Quant au prince de Hohenlohe, fort célèbre en 1820, il opéra, cela semble incontestable, des guérisons miraculeuses, mais il perdit plus tard son pouvoir surnaturel et il y aurait lieu de se demander s'il ne fut pas le jouet d'un Esprit non céleste, comme certains opérateurs de cures merveilleuses. Certaines de ses prédictions se sont accomplies, mais d'autres sont tombées à faux, comme celles concernant la destruction de Paris, Marseille, Lyon et Genève. Les événements de 1830 et autres choses prédites par le prince n'auraient-ils pas eu pour cause directe l'influence de quelque puissance surnaturelle ?

Cette dernière hypothèse semble assez probable quand il s'agit des révélations de la sœur Rosa-Colomba Asdente, laquelle prédit que Victor-Emmanuel serait tué à coups de stylet, car il pourrait fort bien se faire que les malheurs annoncés par cette religieuse ne soient que le programme plus ou moins réalisable de celui qui fut homicide dès le commencement et aussi un moyen de décourager les catholiques et en particulier les religieux et religieuses.

S'arrêter à de pareilles choses s'appelle en réalité perdre son temps et il en est de même de l'extatique de Niederbronn, en Alsace, une sainte femme sans doute, mais qui s'est trompée ou a été trompée, puisque les trois quarts de ses prophéties données par un auteur qui lui est très favorable, M. l'abbé Busson, et que nous avons sous les yeux, ne se sont pas réalisées et ne sont plus réalisables. Du reste, un mot suffira pour donner la mesure de ce que valent les prédictions de notre voyante, puisqu'elle prédit le règne du faux Louis XVII, qui se faisait appeler le marquis de Richemont.

XX

Si les fabricants de recueils n'avaient pas attribué l'honneur de l'impression à une foule de billevésées démontrées comme étant stupides à la suite du coup d'état de Bonaparte en 1851, nous n'en parlerions même pas; mais nous avons endossé la mission de détromper les naïfs et nous allons par suite nous y arrêter juste le temps d'en montrer l'inanité.

Il y a d'abord la religieuse de Belley qui nous a prédit qu'un Bourbon périrait en 1830; il est vrai qu'elle s'est empressée d'annoncer qu'à la suite de troubles survenus en 1831, le Grand Monarque, c'est à dire le faux dauphin, remonterait sur le trône de ses pères.

Vient ensuite la religieuse de Lyelbe, couvent dont nous n'avons pu découvrir la situation, et d'après laquelle le triomphe de la démagogie devait avoir lieu peu après 1840. Le roi sauveur ne pourrait habiter Paris pour la bonne raison que cette ville n'existerait plus alors.

Ce roi devait être, j'imagine, le fameux pseudo-Louis XVII, car il est, en général, le héros de toutes les fausses prophéties. Marie des Terreaux, la servante de Lyon, fait régner le duc de Normandie vers 1840 ; Marianne Galtier, bergère du Rouergue, saluait dans l'avenir le roi Louis-Charles. Quant à Joséphine Lemarine, des Vosges, si les prédictions qu'on lui a faussement attribuées venaient d'elle, les plus indulgents se contenteraient de dire que c'était une pauvre folle dont la lecture des prophéties avaient tourné la tête, comme il arriva au chevalier de la Triste-Figure pour avoir passé trop de nuits sur les romans du *Cycle de la Table ronde.*

Au commencement de l'empire, la manie prophétique sembla se calmer, mais dès 1855 il commença à reparaître des prédictions, et chaque jour il en pleut de nouvelles toutes plus authentiques et plus certaines les unes que les autres, ce qui n'empêche que j'ai le regret de m'avouer passablement incrédule.

Un jour c'est Madeleine Persat qui, après avoir été obsédée par une sorte d'égarement infernal, reçoit la mission de prêcher et remplit cette honorable fonction après son ouvrage, quand ses maîtres veulent bien le lui permettre. Croirait-on que cette pauvre créature, qui ne faisait que rééditer les doctrines de Vintras, réunit des adeptes et qu'un M. Désiré Laverdant, rédacteur du *Mémorial catholique,* crut devoir envoyer aux Pères du Concile du Vatican les élucubrations de Madeleine, ce qui les divertit beaucoup !

Une autre fois plusieurs évêques, entre autres celui

de Luçon, reçurent communication d'une révélation faite selon toute apparence à un moine de Bellefontaine. Eglises fermées, prêtres pendus, orage général pendant lequel des vagues de feu tomberaient du ciel sont les principaux traits de cette prophétie, dont, comme bien l'on pense, les évêques ne tinrent pas grand compte, pensant que Dieu ne conduit pas son Eglise par les visionnaires et qu'il n'aurait pas oublié de donner à ce brave homme des signes de sa mission. Nous ignorons du reste s'il était halluciné ou trompé par le diable.

Il y eut aussi une certaine Marie R*** qui entendait Notre-Seigneur Jésus-Christ lui donner des conseils tels qu'il n'est pas difficile de comprendre qu'elle avait affaire au diable. Afin de pousser sans doute les parents à ne pas mettre leurs jeunes filles dans des maisons d'éducation religieuse, l'Esprit en critiquait le système; il fallait, selon lui, ne pas y enseigner les arts d'agrément mais seulement la vertu et l'amour de la solitude. L'Esprit qui la hantait était opposé à l'éducation donnée par les parents, tout comme M. Jules Ferry ; il invectivait aussi les prêtres, ceux qui communient, etc.

Il y a dans cette prophétie un mot assez joli: « Allez visiter ma colombe gémissante qui fait sa demeure dans l'ouest. Là, pendant neuf jours, entretenez-vous pieusement, puis séparez-vous. » Un ami me dit qu'il croit connaître la colombe, ce serait une certaine stigmatisée qui ne mangeait jamais, mais prenait chaque matin en cachette une tasse de chocolat.

Nous apprenons que dans l'ouest on recommence à parler des farces de cette dernière femme, ainsi que des apparitions d'une prétendue Sainte Vierge au sujet de laquelle le *Phare de la Loire* a dépensé beaucoup d'encre républicaine, mais qui nous paraît n'avoir aucun rapport avec le surnaturel céleste.

L'étranger n'est pas resté en arrière.

Un certain laïque espagnol qui, poussé par une voix surnaturelle, est allé à Rome parler à Pie IX, a fait des prédictions tombées à faux et nous semble possédé.

Quant au frère Antoine, ermite du diocèse de Cologne, il a prédit certains faits qui se sont réalisés, comme la guerre de 1870 et le Kulturkampf; mais ses prophéties semblent en général greffées sur celles qui ont cours parmi le peuple allemand; son Grand Monarque devait être autrichien et Pie IX est mort avant d'avoir contemplé ce que le frère Antoine avait dit qu'il verrait. Cet homme semble illusionné par le démon, lequel annonçait peut-être par sa bouche sa politique concernant la guerre de Prusse.

L'Italie a vu aussi le fameux David Lazaretti, sorte de garibaldien, devenu visionnaire, qui se disait le Grand Monarque et qui a péri récemment dans une affaire avec la police italienne.

Enfin, pour en finir avec ce triste sujet, nous citerons Madeleine, la voyante de la Vendée, qui n'est autre, comme on dit en spiritisme, qu'un medium pneumatographe. Le diable par sa bouche favorise les théories de ceux qui prétendent qu'il faut laisser faire, attendre que Dieu nous vienne en aide et surtout séparer la cause catholique de la cause légitimiste.

A son point de vue, le diable a parfaitement raison et cela fait admirablement ses affaires. Il sait que, pendant que les honnêtes gens ne font rien, la Franc-Maçonnerie ne perd pas son temps et il n'ignore pas non plus qu'en vertu de cette thèse imbécile qui consiste à ne pas faire une seule et même chose de la cause religieuse et de la cause légitimiste, c'est-à-dire à pouvoir être révolutionnaire et ennemi du *Syllabus* du Pape infaillible en même temps que catholique, l'Eglise tombera entre les mains d'un gouvernement qui pourra crocheter les couvents, interdire à Jésus-Christ de passer par nos rues et fermer les églises.

Prescrire au clergé de ne pas faire de politique et de rester dans ses sacristies équivaut à lui dire qu'il n'a plus de patrie terrestre et que le jour où on le guillotinera il n'aura pas même à faire entendre un cri de protestation.

Nous sommes heureux de pouvoir le constater en passant, c'est idiot!

XXI

A côté de faits ou absolument faux ou diaboliques, il en est une foule d'autres surnaturels sans doute, mais d'origines bien diverses, d'authenticité plus ou moins douteuse. Doit-on pour cela les déclarer controuvés? Non, ce serait tomber dans l'excès, et, si on ne peut se prononcer, il faut cependant tenir compte de la valeur des témoins et du caractère des auteurs qui les ont publiés.

Dans cette catégorie rentre une lettre écrite à un prêtre de Lyon par le Père Gregorio Felkierzamp, jésuite polonais. Elle a été publiée bien des fois, et nous donnons ici le texte tel que l'a imprimé notre ami, M. Adrien Péladan, de Nîmes, en 1872. C'est une page véritablement émouvante :

« L'an du Seigneur 1819, vivait à Wilna, capitale de la Lithuanie, un religieux dominicain, nommé Korzenicki, prêtre d'une haute sainteté et célèbre prédicateur. Il combattait avec un zèle infatigable les erreurs du schisme grec, non seulement du haut de la chaire, mais aussi dans de savants ouvrages qui lui valurent du gouvernement russe la défense de prêcher, de publier aucun écrit et même de confesser, sous peine de l'exil en Sibérie. Ainsi confiné dans son couvent de Wilna et condamné, au fond de sa cellule, à l'inaction, à la solitude, le Père Korzenicki s'affligeait profondément de ne pouvoir désormais rien faire pour la gloire de Dieu et le salut de ses frères.

« Dans un de ses moments de tristesse, — c'était en 1819, je ne sais plus ni le jour ni le mois, — il ouvrit, vers neuf ou dix heures du soir, la fenêtre de sa chambre et, les yeux fixés au ciel, il se mit à invoquer le bienheureux Antoine Bobola, pour qui, dès son enfance, il avait toujours eu une dévotion toute particulière, bien que l'Eglise n'eût pas encore élevé sur les autels le martyr de Janow. Voici le sens de la prière qu'il lui adressa :

« O bienheureux Antoine Bobola, glorieux martyr du Christ ! Voilà bien des années que vous avez prédit la résurrection de notre malheureuse Pologne : quand donc s'accomplira votre prophétie ? Vous savez mieux que moi de quelles jalousies, de quelles haines les schismatiques poursuivent notre sainte foi ; vous savez que ces mortels ennemis du catholicisme sont maintenant nos maîtres absolus, et que leur pensée unique est de pousser à l'infidélité, au schisme, notre chère nation qui fut la vôtre aussi. Ah ! saint martyr, ne permettez pas qu'un tel opprobre tombe sur votre patrie, sur la terre que vous avez autrefois habitée ! Faites que la Toute-Puissance, la Miséricorde infinie ait enfin pitié des pauvres Polonais ! qu'elle les délivre du joug de l'étranger ! que la Pologne, libre de professer la divine religion de nos aïeux et de réunir ses peuples, comme au temps des Jagellons, forme encore un seul royaume, un seul royaume vraiment orthodoxe, un royaume soumis à Jésus-Christ et complétement affranchi de la tyrannie des popes.

« Quand le père eut cessé de prier, la nuit était déjà fort avancée. Il ferma sa fenêtre et allait vers son lit, lorsque, en se retournant, il aperçoit, debout au milieu de sa cellule et portant le costume de jésuite, un vénérable personnage qui lui dit : Me voici, père Korzenicki ; je suis celui à qui vous venez de parler. Rouvrez votre fenêtre et vous verrez des choses que vous n'avez jamais vues. Malgré le saisissement qu'il éprouva, le dominicain ouvre sa croisée. A sa grande surprise, ce n'est plus l'étroit jardin du couvent, avec son mur d'enceinte, qu'il a sous les yeux ; ce sont de vastes, d'immenses plaines qui s'étendent jusqu'à l'horizon.

« La plaine qui se déroule devant vous, — continue le bienheureux Bobola, — est le territoire de Rusk (une version porte Pinsk), où j'eus la gloire de souffrir le martyre pour la foi de Jésus-Christ ; mais regardez de nouveau et vous connaîtrez ce que vous désirez savoir.

« Le père Korzenicki jette de nouveau les yeux sur la campagne qui, cette fois, lui apparaît couverte d'innombrables bataillons russes, turcs, français, anglais, autrichiens, prussiens; d'autres peuples encore, que ce religieux ne peut distinguer, combattent avec un acharnement dont il n'y eut d'exemple que dans les guerres les plus furieuses. Le père ne comprenait pas ce que tout cela signifiait; le bienheureux Bobola le lui explique en ces termes :

« Quand la guerre, dont le tableau vous a été révélé, aura fait place à la paix, alors la Pologne sera rétablie et moi j'en serai reconnu le principal patron, car notre sainte religion sera libre.

« A ces paroles qui portent la joie dans son âme, Korzenicki s'écrie : O mon saint! comment puis-je avoir la certitude que cette vision, que cette visite dont vous m'honorez et la prédiction que vous me faites, ne sont pas un jeu de mon imagination, un pur rêve?

— « C'est moi qui vous l'assure, répond son interlocuteur; la vision que vous avez sous les yeux est vraie, elle est réelle, et tout s'exécutera de point en point, comme je vous l'ai annoncé. Maintenant, prenez votre repos ; moi, pour vous donner un signe de la vérité de ce que vous avez vu et entendu, avant de vous quitter, j'imprimerai ma main sur votre bureau. En disant cela, le saint touche de sa main la table du père Korzenicki, et à l'instant même il disparaît.

« Le religieux resta quelque temps comme hors de lui. Quand il eut repris ses sens, il remercia avec effusion Dieu et son cher bienheureux de l'ineffable consolation qu'ils venaient de lui accorder dans cette nuit heureuse; puis, s'étant approché de son bureau, il vit très nettement dessinée sur le bois la main droite du saint martyr. Ce ne fut qu'après l'avoir baisée bien des fois qu'il alla prendre son sommeil. Le lendemain, à peine réveillé, il court à sa table pour s'assurer que les vestiges miraculeux existent encore; et les trouvant, comme la veille, parfaitement visibles, il sent s'évanouir tous ses doutes. Pleinement convaincu que c'est bien une apparition divine qui a réjoui son cœur et relevé son courage, il réunit dans sa chambre tous les Pères et Frères du couvent, à qui il raconte la grâce insigne dont il a été l'objet ; chacun d'eux examine l'empreinte laissée par le bienheureux en confirmation de la réalité de sa visite.

« Le religieux dominicain vivait dans la plus grande intimité avec les Pères de la Compagnie de Jésus. Ne voulant pas leur tenir caché un fait aussi consolant, il en donna communication aux Jésuites du grand collège de Polosk, parmi lesquels je me trouvai, et j'entendis de mes propres oreilles, pendant la récréation commune, le récit détaillé de tout ce que je viens de vous écrire.

« Nice, le 13 avril 1854.

« Gregorio Felkierzamp, S. J. »

Ce ne serait pas, si l'on en croit la tradition, la seule prophétie relative à la résurrection de la Pologne, et l'on raconte qu'à l'époque où Catherine faisait violemment proclamer roi son ancien amant Poniatowski, le Père Marc, de l'Ordre des Carmes, fit aux confédérés de Bar la prédiction suivante :

« Toi, ô Pologne, sous peu de temps, triste et sanglante, tu te coucheras sur un lit de cendre; tes perfides voisins te trahiront; un puissant monarque t'opprimera; une guerre effroyable engendrera pour toi de longues tortures; tes fils innocents tomberont sans gloire; tes prêtres et tes vierges seront persécutés; tes églises seront dépouillées. Tous tes jours seront marqués par les crimes de tes oppresseurs et par les larmes de tes victimes. Ce seront les plus élevés qui auront le plus à souffrir; sur eux les maux s'abattront comme la grêle. Dieu usera de la sorte le roc de leur orgueil; mais toi, ô patrie, tu te relèveras, tu deviendras l'ornement de l'Europe chrétienne, car, ainsi que le Phénix, tu renaîtras de ton bûcher. »

Le lecteur jugera, s'il l'ose; pour nous, nous rappellerons seulement que Dieu peut tout, même ressusciter les morts, et c'est une consolation que de pouvoir espérer un peu quand on songe à la catholique et héroïque Pologne.

XXII

Hélas! Il est une autre Pologne qui nous touche de plus près, et qui est plus chère aussi à notre cœur filial, l'Alsace.

Bien que nous ne soyions pas de ceux qui s'illusionnent et pensent que la France actuelle et républicaine, isolée dans le concert européen et privée de toute alliance, puisse opérer cette fameuse revanche rêvée par ceux qui, en 1870, envoyaient les autres mourir à leur place, tandis que lotis de bonnes sinécures, ils chantaient *la Marseille* et fumaient des cigares exquis, nous avouons cependant que des faits étranges se sont produits au sujet de l'Alsace. Et, bien que l'Eglise ne se soit pas encore prononcée sur leur caractère surnaturel, il y a quelque raison de les considérer comme des manifestations célestes.

Sans nous arrêter aux prodiges de la Vierge de Nancy qui aurait répandu des larmes devant un pèlerinage de Messins qui lui demandaient un signe de leur future réunion à la France, nous ne pouvons nous dispenser de dire un mot de l'affaire de Neubois. Elle a fait beaucoup de bruit et a surtout surexcité la rage des Prussiens. Lorsque plus tard l'Eglise pourra faire une enquête canonique, on saura si la Sainte Vierge a apparu à Neubois; en attendant, nous ne pouvons que rapporter des faits évidemment surnaturels.

Le 7 juillet 1872, fête du Précieux Sang, quatre petites filles de Neubois parcouraient après vêpres les forêts voisines du village, et, tout en cherchant des myrtilles, discouraient politique à leur manière, se demandant ce qu'elles feraient si on voulait les rendre protestantes. Elles se disaient l'une à l'autre : On n'y réussirait certainement pas; nous ne renierons jamais notre sainte foi. Et alors, se mettant à genoux, les petites Alsaciennes récitèrent le *Souvenez-vous,* comme pour s'assurer du secours en cas de danger.

C'est alors que la Sainte Vierge leur apparut tout habillée de blanc, portant une croix noire suspendue sur la poitrine et la tête ceinte d'une couronne surmontée d'une croix. Effrayées, deux des enfants s'enfuirent, mais les deux plus âgées firent meilleure contenance, et elles eurent le temps de remarquer que la dame n'était pas seule. Des soldats ennemis l'environnaient, et l'apparition brandissait un glaive contre eux. A cette vue, les petites filles eurent peur à leur tour, et s'éloignèrent comme leurs compagnes.

Naturellement les enfants n'eurent rien de plus pressé que de raconter à la sœur institutrice ce qu'elles avaient vu dans la forêt. Celle-ci les engagea à retourner de nouveau au lieu de l'apparition où elles virent encore la belle dame qui leur fit signe d'avancer. Chaque jour elles revinrent, et l'apparition, marchant devant elles, disparaissait chaque fois pour reparaître le lendemain à l'endroit où elle avait disparu la veille.

Au bout d'une semaine, le lundi 15 juillet, elle atteignit une clairière de la forêt où se trouvait abritée par un antique sapin une image rustique de la Sainte Vierge, représentant Notre-Dame d'Einsiedeln. C'est à cet endroit où la forêt offre une étroite plate-forme qu'eurent lieu dès lors les apparitions.

A partir de ce jour, elles se manifestent avec une admirable variété. Ainsi, le 15, les enfants voient la dame entourée d'anges et tenant le bras étendu. Le 16, jour de la fête du Mont-Carmel, elles remarquent que la Sainte Vierge est de nouveau environnée d'anges et porte une ceinture bleue. Quelquefois elle est accompagnée de saint Joseph ou de quelque autre saint personnage; d'autres fois elle se montre telle qu'elle est représentée sur nos autels, tantôt dans la pose de l'Immaculée-Conception, tantôt l'En fant Jésus entre les bras, tantôt dans l'attitude de Notre-Dame des Victoires.

Cependant peu à peu d'autres personnes étaient venues pour voir les apparitions, et plusieurs avaient obtenu cette faveur, surtout les enfants. L'une des manifestations les plus significatives fut celle qui eut lieu en faveur de l'institutrice dans les premiers jours du mois d'août. Elle avait demandé à la Sainte Vierge de lui donner un signe que l'Alsace ne resterait pas toujours sous le joug prussien, et ce signe c'est qu'elle voulut bien se montrer environnée d'une guirlande de verdure comme emblème d'espérance. Or, le lendemain, elle vit la Sainte Vierge effectivement entourée de la tête aux pieds d'une guirlande verdoyante et fleurie, et, chose extraordinaire, à partir de ce jour, plusieurs personnes ont été favorisées de la même vision.

L'autorité prussienne dut nécessairement s'émouvoir, ces apparitions étaient trop françaises. On avait improvisé une petite chapelle près du sapin, le sous-préfet prussien de Schelestadt la fit démolir. — Ce prussien ressemble fameusement au préfet bonapartiste sous le consulat duquel la Sainte Vierge osa apparaître à Lourdes. — Pendant ce temps, une petite fille vit la Sainte Vierge qui souriait, puis des soldats furent envoyés pour empêcher la foule d'approcher; mais les apparitions continuèrent quand même, tandis que les conversions miraculeuses et les guérisons semblaient attester que le doigt de Dieu était là.

Vraiment, serait-ce chose bien étonnante qu'à la pauvre Alsace éprouvée par l'invasion prussienne et protestante, victime du *Kulturkampf*, Celle qui a tant favorisé la France à Lourdes, ait aussi voulu envoyer un motif d'espérance et la confirmer dans la foi catholique, le lien le plus sacré qui la rattache encore à la patrie perdue.

Qu'on ne s'y trompe pas toutefois, la plus grande prudence est nécessaire quand il s'agit d'apparitions et c'est le cas d'admirer toute la sagesse que montre l'Eglise en de telles circonstances. Le diable en effet fait des siennes dans notre temps et il n'est pas rare qu'il ne singe, afin de les discréditer, les faits de l'ordre surnaturel divin.

Certaines assertions contenues dans les prophéties faites par une âme du purgatoire à une religieuse de Malines nous les rendent fort suspectes. Le frère Joseph de Walbach, en Alsace, ne nous offre pas plus de garantie, ses prédictions étant tombées à faux. Quant au pauvre Père de Bray, un sentiment de pitié nous défend d'en parler longuement et nous attendrons le jour, où, suivant ce qui lui a été révélé, il sera devenu le « Grand Pape. »

Une des plus célèbres singeries diaboliques de notre temps est celle de Fontet, au diocèse de Bordeaux, et de même que Satan semble avoir voulu imiter à Walbach ce qui se passait à Neubois et qui après tout est encore douteux, ici le démon semble avoir voulu mêler à ses supercheries Notre-Dame de Lourdes elle-même. Il y a eu à Fontet des faits surnaturels et l'un des plus extraordinaires fut la guérison d'un lépreux.

Avec le temps on reconnut que Berguille, qui avait reçu les stigmates, était trompée et il va sans dire que ses prédictions fantastiques ne se sont pas accomplies.

XXIII

Jusques ici nous avons vu des esprits faire des prédictions politiques indiquant leurs tendances, leurs désirs ou leurs espérances; mais nous n'en avons pas rencontré essayant d'influer directement sur la volonté des souverains ou sur l'opinion des peuples en matière de gouvernement. Le fait cependant s'est produit, et, dans ce cas, il est fort instructif d'étudier le but que le diable semble avoir, car ces manifestations ne sont qu'une des formes de sa grande lutte contre les pouvoirs légitimes auxquels il tente de substituer sa direction et son influence tyrannique.

Je me souviens d'avoir souvent entendu mon père me parler de Martin, le paysan de la Beauce. Certain jour il avait rencontré dans une rue de Paris un de ses amis accompagné d'un habitant de la campagne dont la mine n'avait rien que de fort ordinaire. Je vais chez le roi conduire ce brave homme, lui dit son ancien compagnon d'émigration; le lendemain la ville entière parlait du paysan de Gallardon.

Les uns l'ont pris pour un fourbe, d'autres pour un halluciné; quelques-uns ont pensé que l'archange Raphaël lui était réellement apparu, mais que sa mission s'était bornée à rappeler à Louis XVIII son rôle de roi très chrétien; d'autres enfin ont cru que Martin avait été réellement chargé de déclarer au prince qu'il occupait indument le trône et ils ont vu dans l'Esprit qui se disait l'archange soit un envoyé

BIBLIOTHÈQUE NATIONALE R.F.

divin, soit un Esprit de ténèbres, selon qu'ils croyaient ou non à l'existence de Louis XVII.

La vérité incontestable est que Martin a bien eu les visions qu'il a cru avoir, mais que l'esprit qui lui apparaissait n'était autre qu'un diable et cela dans le but de rendre douteuse la légitimité du pouvoir royal et à l'avantage d'un des nombreux faux dauphins, le juif Charles-Guillaume Naündorff.

Nous avons sous les yeux des pièces manuscrites sur cette affaire et ces documents originaux et inédits nous aideront à prouver notre affirmation.

Il serait trop long de reproduire le procès-verbal de l'audience donnée par le roi à Martin, d'autant qu'il existe un second texte plus curieux, comme nous le verrons. Il nous suffira de constater que dans la pièce imprimée du vivant de Louis XVIII, Martin s'adresse au « roi légitime », lui donne des conseils, l'avertit qu'il a été trahi lors de l'évasion d'un certain prisonnier (évidemment La Vallette); enfin Martin, pour preuve de sa mission, rappelle au roi des choses connues de lui seul. A tout cela se joignent des détails grotesques sur la manière dont le pseudo-archange enseigne qu'on peut discerner un ange de lumière d'un ange de ténèbres ; il ouvre sa redingote et des rayons lumineux s'échappent, il ôte son chapeau et le personnage de l'apparition constate qu'il n'a pas les appendices de l'ange rebelle.

Quoiqu'il en soit, la révélation de choses que Martin ne pouvait connaître que par des moyens surnaturels, impressionnèrent Louis XVIII, et cela se comprend.

Lorsque le roi fut mort, Martin commença à divulguer son fameux secret, à savoir ce qu'il aurait dit à Louis XVIII, car il lui paraissait avoir été discret un peu trop longtemps et cela sans doute exigeait trop d'efforts.

Le 17 juillet 1831, à Versailles, Martin signa un document, que nous avons sous les yeux, et qui indique comment il faudrait compléter la première narration imprimée.

Dans cette pièce il raconte qu'avant l'audience royale et en attendant M. Decazes, l'ange lui apparut et lui dit :

« N'ayez aucune crainte de paraître devant le roi. Pour ce que vous avez à lui dire, les paroles vous viendront à la bouche, car, avant que d'aller chez le roi, je ne savais pas ce que je devais lui dire, et je ne l'ai su qu'en le disant. En effet, je n'ai point été embarrassé dans tout ce que je lui ai dit. »

Ce détail prouve que Martin n'était, comme le sont souvent les mediums et les possédés ordinaires, qu'un instrument dont l'Esprit se servait pour dire à Louis XVIII tout ce qu'il voulait. Le roi a pu par conséquent être étrangement impressionné, car, en supposant que tout se soit passé comme Martin le raconte, il ne faut pas oublier que le diable peut tellement troubler la conscience qu'il fait croire aux plus saints qu'ils sont coupables.

Martin, arrivant au fameux secret, s'exprime ainsi :

« Il me semble, dit le roi, que vous avez quelque chose à me dire en particulier, en secret. — Alors j'ai senti venir à ma bouche les paroles que l'ange m'avait promises et je dis au roi : Le secret que j'ai à vous dire c'est que vous occupez une place qui ne vous appartient pas. Le roi alors m'interrompit en me disant : Comment, comment, qui ne m'appartient pas ? Mon frère et ses enfants morts, je suis le légitime héritier. Et moi je lui dis : Je ne connais rien à tout cela, mais je sais bien que la place ne vous appartient pas et c'est aussi vrai qu'il est vrai que... »

Ici Satan rappelait à Louis XVIII certaines suggestions dont il l'avait autrefois obsédé.

Nous devons ajouter que l'inspirateur de Martin tenait beaucoup à ce que la duchesse d'Angoulême ne sut rien de tout cela; elle eut naturellement démasqué l'imposteur.

Quant à Martin, il attendit, comme on le sait, la mort du roi pour parler de son secret et il serait possible que toute cette histoire ne fut qu'une invention, sinon de Martin sans doute de bonne foi, mais de l'Esprit qui le hantait. Martin en effet a fort bien pu, après sa conversation, être halluciné au point de croire avoir dit certaines choses dont il n'avait point été question.

Il faudrait être plus que naïf pour ne pas voir dans cette histoire le bout de l'oreille. C'est un tissu de mensonges et de contradictions.

Martin n'a d'abord à donner au roi que des conseils sur le gouvernement et voici qu'un moment après il lui dit de quitter le trône, ce qui rend inutile, ajoute-t-il, tout conseil relatif à la manière d'administrer. Une autre fois l'archange Raphaël apparait à notre paysan sous la figure d'une jolie femme, escapade qui rappelle un peu trop certaines tentations de saint Antoine assez nombreuses au Salon de l'année passée.

Quoi qu'il en soit, le pauvre Martin, toujours obsédé eut une mort lamentable et mystérieuse. Il finit consumé dans des tortures atroces et harcelé par une voix miraculeuse. Les démonologues, qui connaissent les mœurs diaboliques et ce que les esprits savent faire de ceux qu'ils abusent, reconnaîtront sans peine que Martin, avant tout sincère, allait peut-être parler quand il fut la victime des sévices de celui dont il avait été l'instrument et qui souvent déjà l'avait torturé.

L'affaire diabolique de Martin restera une des pages curieuses de l'histoire des faux dauphins.

XXIV

Le diable, qui a sur nous l'avantage de ne pas se décourager, eut volontiers recommencé sous l'Empire l'histoire de Martin. Mais Napoléon III était un vrai sceptique ; si l'ancien carbonaro ne croyait pas à Dieu, il ne croyait pas davantage au diable, et c'est pourquoi nous avons été privés des prédictions de Bertrand Boylet, le tisserand de Saint-Macaire, dans la Gironde.

Théophile Restaux, le menuisier de Gouy l'Hôpital, a eu plus de vogue et chacun a entendu parler de ses apparitions qui ne sont que des faits de somnambulisme, tout à fait assimilables à ceux que les spirites obtiennent par le moyen des passes et des incantations ; ce sont en effet les mêmes caractères, à savoir perte du sentiment des choses extérieures, insensibilité, mouvements convulsifs, écriture faite dans des circonstances anormales.

L'Esprit, qui s'intitule la Sainte Vierge, a fait à Restaux des communications théologiques dans le genre de celle-ci : « Pour faire disparaître en nous le germe du péché originel, Jésus-Christ se laissa dépouiller de sa robe sans couture. Le péché originel fut effacé complètement par Jésus-Christ comme tous les autres péchés, en mourant sur l'arbre de la croix, mais le germe de ce péché fut d'abord effacé par saint Jean-Baptiste, lorsqu'il baptisait dans les eaux du Jourdain. »

On ne s'attendra pas, après ceci, à nous voir reproduire les prophéties de Restaux ; mais il nous reste à dire que Mgr Guilbert, évêque d'Amiens, a condamné « ces rapsodies vulgaires auxquelles viennent aussi se mêler les passions politiques. »

Je ne veux pas critiquer ici cette phrase épiscopale, mais j'ai le droit de constater que la mesure prise par l'évêque d'Amiens n'eut pas le résultat que certains en attendaient. Le surnaturel était patent, la sincérité de Restaux ne pouvait être soupçonnée et alors on dit que le prélat avait peut-être écouté ses préocupations politiques. Ceci est fâcheux, car, bien que l'on connaisse toute la solidité d'esprit de Mgr Guilbert, son manque absolu d'ambition, puisqu'il était profondément attaché à sa chère et unique épouse, l'Eglise d'Amiens, il est regrettable que l'on ait pu soupçonner que l'évêque eût été moins sévère si le diable de Gouy se fut montré un bon diable, c'est à dire tant soit peu républicain.

XXV

Au milieu de tout ce déluge de manifestations diaboliques, il est bon de se souvenir que, d'après les révélations de la mère Steiner, la fin du monde aurait été probablement avancée et que la venue de l'Antechrist serait proche, si les hommes n'avaient pas été encore une fois sauvés par l'intercession de la sainte Vierge. Du reste le démon a laissé parfaitement voir et son programme et sur quels gens il compte encore actuellement.

Tous les possédés de notre siècle ont montré une égale haine pour la Maison de Bourbon qui, il y a lieu de le croire, gêne considérablement pour l'avenir les projets diaboliques.

Mademoiselle Lenormand, qui ne fut pas du tout ce que l'on croit, mais une véritable voyante, a annoncé ce Grand Monarque que plus tard le sectaire Michel Vintras disait clairement être le faux dauphin, c'est-à-dire le juif Charles-Guillaume Naündorff, le protégé de l'Esprit inspirateur de Martin. Le croirait-on? Cette infâme supercherie a encore des partisans, ce qui du reste s'explique si, comme des gens sérieux l'ont pensé, Naündorff s'était donné au démon par un pacte, lequel lui a permis de connaître foule de détails de l'existence du véritable Louis XVII.

Michel Vintras ne fut pas un fou, mais un illuminé. Son livre, comme celui de Swedenborg, est le fruit de visions réelles, surnaturelles mais diaboliques, et sa secte paraît avoir été une sorte de transition vers l'abominable religion du Spiritisme. Nous dirons la même chose du Mormonisme, rendu ridicule en Europe par la thèse de la pluralité des femmes, mais qui est avant tout une doctrine panthéiste, car, au milieu de bien d'autres erreurs, les Mormons croient à l'éternité de la matière, dont les particules éternellement préexistantes ont tout formé y compris les trois personnes même de la Trinité divine.

La plus connue de ces doctrines dans notre pays est à coup sûr le Spiritisme ; tous nous avons vu personnellement ses agissements, et il me serait facile de narrer ici l'histoire d'une maison de Poitiers qui m'a appartenu et dont les journaux américains eux-mêmes se sont occupés. L'illustre cardinal Pie, comme il l'a dit à nous-même, croyait en cette affaire à l'intervention satanique.

Quoiqu'il en soit, le Spiritisme, le Mormonisme et la secte de Vintras se résument dans les mêmes tendances exprimées par les mêmes prophéties. C'est ainsi que les Mormons annoncent « la résurrection prochaine, où le règne des rois et des prêtres, la tyrannie, l'oppression, l'idolâtrie n'existeront plus. »

Le programme de la Franc-Maçonnerie n'est pas autre, et, quand nous compulsons les livres spirites, c'est-à-dire diaboliques, nous y trouvons condensés toutes les idées mises en pratique par nos républicains : suppression future des nationalités ; nivellement des peuples, institutions et pouvoirs ; destruction de la puissance de ceux qui gouvernent et cela d'autant qu'ils s'opposent davantage aux progrès du mal ; bouleversements de la société de manière à permettre aux sectaires l'arrivée aux affaires ; restriction des droits de l'Église ; négation de sa liberté ; guerre aux Ordres religieux ; etc., etc.

Voilà le programme diabolique, celui que l'Italien Gambetta, agent des arrière-loges, résumait en ces termes, au moment où il s'emparait du pouvoir souverain sur les Français : LE CLÉRICALISME, C'EST L'ENNEMI.

Sans doute, Dieu peut mettre un terme à la conspiration satanique, mais la secte aura obtenu un résultat, celui de perdre des âmes, surtout si beaucoup de pères de famille ont la lâcheté de ne pas résister à la loi qui les dépouille du pouvoir paternel et de reculer devant les persécutions, voir même devant le prison.

XXVI

Nous nous sommes vraiment assez étendus sur les prophéties diaboliques et apocryphes, aussi ferons-nous grâce au lecteur, qui a bien voulu nous suivre à travers ce dédale, et de la prophétie de Prémol, mystification inventée entre 1848 et 1852, au moyen de fausses prédictions déjà connues, et du nouveau texte de saint Césaire, lequel date de 1871. Disons seulement qu'il est regrettable pour M. l'abbé Trichaud que son nom ait été mêlé à cette affaire.

Il est temps de se reposer, c'est-à-dire de jeter un dernier coup d'œil vers les miséricordes annoncées par la Sainte Vierge et son divin Fils. Si nous n'avons pas ici des prédictions comme celles de l'Ecriture sainte, nous nous trouvons cependant en face de noms comme ceux de la Salette et de Lourdes, et c'est dire que le scepticisme serait ici peut-être plus que de la témérité.

Plusieurs institutions pieuses ont été inspirées en ce siècle à de saintes âmes, et ont produit jusqu'à ce jour des fruits abondants de bénédiction.

En 1846, une Fille de la Charité eut une révélation au sujet du scapulaire dit de la Passion, et elle entendit ces paroles de la Sainte Vierge : « Le monde se perd, parce qu'il ne pense pas à la Passion de Jésus-Christ ; fais tout pour qu'il y pense ; fais tout pour qu'il se sauve. » La dévotion au scapulaire rouge s'est promptement répandue dans l'Eglise, et Pie IX l'a enrichi de nombreuses indulgences.

A Tours, une sainte religieuse carmélite, la mère Marie de Saint-Pierre, eut l'idée d'établir la Confrérie réparatrice des blasphèmes et de la profanation du dimanche, et cette bonne pensée fut reprise et continuée par le vénérable M. Dupont, le saint homme de Tours. A plusieurs reprises, Notre-Seigneur daigna expliquer à Marie de Saint-Pierre que ces dévotions pouvaient arrêter sa colère.

Le 26 août 1843, il lui dit : Mon nom est blasphémé partout et même par les enfants, et il l'invita à faire réparation de la manière qu'il lui indiqua.

Le 24 novembre suivant, il ajoutait : « La terre est couverte de crimes, et l'infraction des trois premiers commandements de Dieu a irrité mon Père. Le saint nom de Dieu blasphémé et le dimanche profané mettent le comble à la mesure d'iniquités. Ces péchés ont monté jusqu'au trône de Dieu, et provoquent sa colère qui se répandra si l'on n'apaise sa justice. Dans aucun temps, les crimes n'ont monté si haut. Je désire, mais d'un vif désir, qu'il se forme une association bien approuvée et bien organisée pour honorer le nom de mon Père. » Et Jésus-

Christ lui fit comprendre que, par ce moyen, il voulait pardonner à un grand nombre de pécheurs.

Le 7 décembre, Notre-Seigneur lui fit voir à quel point la France avait provoqué sa vengeance par tous les blasphèmes dont elle était coupable. Il lui fit entendre « qu'il ne pouvait plus demeurer dans cette France qui, comme une vipère, déchirait les entrailles de sa miséricorde et en avait sucé le sein jusqu'au sang ; que la miséricorde ferait place à la justice qui débordera avec d'autant plus de fureur qu'elle aura plus attendu. » Alors, la Carmélite demanda si cette réparation attirerait le pardon, à quoi le Sauveur répondit : « Je lui pardonnerai encore une fois, mais remarquez bien : une fois. Comme ce péché de blasphème s'étend par toute la France et est public, il faut que cette réparation soit publique et s'étende dans toutes les villes de France. Malheur à celles qui ne feront pas cette réparation. »

Une autre fois, Dieu lui indiqua encore, comme moyen d'expiation, la dévotion à sa Sainte Face.

Peut-être l'œuvre de réparation a-t-elle un moment arrêté la colère divine ; mais rappelons-nous ces autres paroles de Jésus-Christ à Marie de Saint-Pierre, en 1844 : « La France est devenue hideuse aux yeux de mon Père ; elle provoque sa justice. Si on ne s'efforce d'obtenir miséricorde, elle sera châtiée. »

Où en sommes-nous? Le blasphème est partout. On blasphème dans la presse, et notre peuple se nourrit de blasphème ; on blasphème à la tribune, et les persécuteurs qui violent le sanctuaire et expulsent ceux qui ont fait vœu de pratiquer les conseils évangéliques, blasphèment encore en disant ne pas en vouloir à la religion, tout en persécutant, ce qui, dogmatiquement, est de l'essence même de la religion.

Il y a, je le sais, une ressource humaine : l'armée. Mais on en éloigne Dieu ; la chambrée blasphème, et les blasphèmes y sont épouvantables, et, quand je passe sur une des places où manœuvrent nos troupes, j'entends à chaque seconde le blasphème éclater.

Les sceptiques vont rire, mais le rire sceptique n'enlève rien à la puissance de Dieu, et ici les voix prophétiques deviennent des paroles de salut, car, faute de les entendre, nous sommes perdus à tout jamais.

Quoi qu'il en soit, au milieu des malheurs qui se préparent, il est un signe de protection qu'on devrait un peu moins négliger, c'est la médaille miraculeuse, source de tant de prodiges. Chacun sait que cette dévotion a été connue, grâce aux révélations d'une humble Fille de la Charité, sœur Catherine Labouré. Les résultats obtenus par la médaille miraculeuse nous dispensent de défendre ici sa céleste origine, mais il sera bon peut-être de s'arrêter un moment sur certaine prédiction dont on a beaucoup parlé.

Le 18 juillet 1830, la Sainte Vierge, faisant une révélation à Catherine, lui dit entre autres choses : « Il y aura des victimes dans d'autres communautés. Dans le clergé de Paris il y aura des victimes : Mgr l'archevêque mourra. La croix sera méprisée, on la jettera par terre, on ouvrira de nouveau le côté de Notre-Seigneur ; les rues seront pleines de sang ; le monde entier sera dans la tristesse.» Sœur Catherine pensa alors : Quand cela arrivera-t-il ? Et une voix intérieure lui indiqua distinctement quarante ans.

Mais une autre version écrite de sa main porte : « Quarante ans, puis dix, puis la paix. » Cette seconde version a paru suspecte à un certain nombre de personnes et leur a fait penser que la sœur Labouré avait mal compris. Elles croient donc que les prédictions qui lui ont été faites ont été accomplies en 1871 et qu'il n'était pas question des dix nouvelles années.

Cette opinion est assurément assez plausible, mais il nous semble qu'elle n'est pas la vraie. La Sainte Vierge, pensons-nous, a dû révéler à la sœur que la paix qui devait suivre l'écrasement de la Commune en 1871 ne serait qu'une trêve dans la persécution, et que, dix ans après les impiétés de la Commune, les mêmes persécutions recommenceraient. On pourrait même admettre que la prédiction de ce qui concerne la Commune de 1871 et ses suites s'arrête à ces mots : « Mgr l'Archevêque mourra », et que ce qui suit : « La croix sera méprisée, on la jettera à terre » regarde la persécution actuelle commencée par la laïcisation des écoles et l'enlèvement des croix, et en effet n'est-ce pas ouvrir le cœur de Jésus-Christ que de s'attaquer d'une façon diabolique aux enfants des pauvres et aux malades des hôpitaux dans le but d'enlever aux premiers la foi et de priver les seconds de la dernière planche de salut ?

La sœur Labouré ne nous dit pas à quand la paix, mais espérons que la révolution n'aura pas le temps d'accomplir son programme ; car la Sainte Vierge, après lui avoir dit que son directeur serait un jour supérieur général des Lazaristes, lui a laissé espérer que la persécution n'atteindrait pas les Filles de la Charité. Or, elles sont menacées et la puissance maçonnique est assez forte pour agir si Dieu n'y met ordre.

XXVII

Il n'est personne qui ne connaisse l'apparition de la Salette et les merveilles accomplies chaque jour sur la sainte montagne; du reste, on le comprend, nous n'avons à parler ici que des prédictions qui s'y rattachent.

Ces prédictions étant conditionnelles ne paraissent pas s'être accomplies entièrement. Comme il est arrivé pour la réparation des blasphèmes et de la profanation des dimanches, la pénitence ayant été incomplète, les fléaux dont Dieu avait menacé la France n'ont pas été écartés tout à fait, mais ils ne sont arrivés qu'en partie. Il est cependant difficile de porter un jugement bien certain sur cette question, car les mêmes causes qui auraient attiré les châtiments de Dieu en 1846, 1847, 1848 et les années suivantes s'étant perpétuées ou reproduites dans ces dernières années, les mêmes châtiments en seront les conséquences jusqu'à ce qu'on se convertisse; et ainsi l'on peut dire avec raison que les prédictions de la Salette se sont accomplies autant qu'elles devaient l'être ou qu'elles n'ont encore eu qu'un commencement d'accomplissement. Du reste, le texte des prédictions authentiques de la Salette étant entre les mains de tout le monde, chacun pourra porter un jugement.

Quant au fameux secret, le connaît-on?

Il parait que Pie IX aurait dit en parlant des révélations de la Salette : « Ce sont des malheurs dont la France est menacée, elle n'est pas seule coupable, l'Allemagne, l'Italie, l'Europe entière sont coupables et méritent des châtiments.» Et, interrogé par M. Giraud, le Pape répondit : *Nisi pœnitentiam egeritis, omnes similiter peribitis.* « Si vous ne faites pénitence vous périrez tous. »

Voilà ce que nous savons de plus certain sur le secret de la Salette. Le reste n'est guère que conjectures et incertitude.

On a publié divers documents sous le nom de secret de Maximin : la vérité est que le secret de Maximin n'a jamais été publié. Un de mes amis le tient de deux religieux qui ont connu particulièrement Maximin et dont l'un fut même son confesseur pendant trois ans. « On croit savoir mon secret, disait-il un jour, mais on se trompe bien. Il n'y a que deux hommes qui le sachent : Pie IX et le cardinal Lambruschini.» Mon ami, homme fort sûr, a su par les mêmes sources que le père Eymard n'était pas plus instruit que les autres, par conséquent la version qu'on lui attribue n'a aucune valeur.

Mélanie a jugé à propos de publier son secret ; nous en avons même deux versions différentes : la première qui remonte à 1860 a été publiée en 1873 par M. l'abbé Bliard avec l'assentiment de Mélanie elle-même ; la seconde a paru en 1880 à Lecce, ville épiscopale d'Italie, avec l'*imprimatur* de l'évêque diocésain, Mgr Zola, ancien confesseur de la voyante.

Ces deux versions sont loin de s'accorder, quoique Mélanie y annonce à peu près toujours les mêmes événements. En effet d'après la version de 1860, les

*

châtiments annoncés semblent devoir se succéder sans interruption pendant trente-cinq ans jusqu'à la venue de l'Antéchrist, tandis que d'après la version de 1880, la justice divine doit d'abord intervenir pour assurer à l'Eglise un magnifique triomphe et une paix qui durera environ vingt-cinq ans ; ce ne serait qu'après cette paix que viendraient les châtiments précurseurs de l'avènement de l'Antechrist.

Il ressort des divergences de ces deux versions que Mélanie a mêlé du sien au secret que la Ste Vierge lui avait confié, elle-même avoue dans une lettre écrite à M. l'abbé Bliard que ce qu'elle a écrit au Pape en 1851 doit différer notablement de ce qu'elle écrivait en 1860. Nous n'avons donc pas le véritable secret de Mélanie. Quelque bonne foi qu'on lui suppose il est évident que son prétendu secret n'est qu'un étrange amalgame de ses souvenirs et des rêves de son imagination mêlés aux élucubrations de son propre esprit. Nous pouvons cependant en rapprochant ce qu'elle a écrit des prédictions, faites à différents saints personnages de notre époque, deviner en partie ce qu'a été le secret que la Sainte Vierge lui avait confié ; on pourrait probablement le résumer ainsi :

« Dieu enverra des châtiments qui se succèderont pendant plus de trente-cinq ans.

« L'Eglise subira une persécution dont ni Pie IX, ni son successeur ne verront la fin.

« Le peuple de Dieu demandera miséricorde et il implorera le secours de la Sainte Vierge, alors Jésus-Christ interviendra ; les persécuteurs de l'Eglise seront exterminés et l'Eglise sera renouvelée, la religion sera plus florissante que jamais. »

« Si les hommes ne se convertissent point, l'avénement de l'Antechrist ne tardera pas et la fin du monde viendra.

Mélanie a toujours cru que la fin du monde était proche : cette circonstance laisserait croire que la Sainte Vierge lui avait annoncé d'une manière absolue les châtiments dont le monde était menacé. Dans cette hypothèse, nous inclinerions à croire que le secret de Maximin était simplement l'explication de celui de Mélanie, et qu'il devait servir à faire connaître au Souverain Pontife quels étaient ceux des événements annoncés qui devaient réellement s'accomplir.

Après ces explications, nous pourrions nous dispenser de donner le texte du prétendu secret de Mélanie : nous mettrons cependant sous les yeux de nos lecteurs la version de *Lecce*, la plus étendue mais aussi la plus saugrenue des deux. Nous nous sommes cependant dispensés de rapporter les calomnies insensées contre le clergé que Mélanie met dans la bouche de la Sainte-Vierge, et nous nous contentons d'en laisser subsister à titre d'échantillon ce qu'elle dit au sujet des couvents : on pourra juger par là du degré de confiance que méritent les assertions de cette fille.

« Dans toutes les familles on souffrira des peines physiques ou morales. Dieu abandonnera les hommes à eux-mêmes. IL ENVERRA DES CHATIMENTS QUI SE SUCCÈDERONT PENDANT PLUS DE TRENTE-CINQ ANS.

« La société est à la veille des fléaux les plus terribles et des plus grands événements. On doit s'attendre à être gouverné par une verge de fer et à boire le calice de la colère de Dieu.

« Que le Vicaire de mon Fils, le Souverain Pontife Pie IX, ne sorte plus de Rome après l'année 1859 ; mais qu'il soit ferme et généreux ; qu'il combatte avec les armes de la foi et de l'amour ; je serai avec lui.

« Qu'il se méfie de Napoléon ; son cœur est double. Quand il voudra être à la fois pape et empereur, bientôt Dieu se retirera de lui. Il est cet aigle qui, voulant toujours s'élever, tombera sur l'épée dont il voulait se servir pour obliger les peuples à le faire élever.

« Le sang coulera de tous côtés : les églises seront fermées ou profanées, les prêtres, les religieux seront chassés ; on les fera mourir, et mourir d'une mort cruelle. Plusieurs abandonneront la foi ; et le nombre des prêtres et des religieux qui se sépareront de la vraie religion sera grand ; parmi ces personnes il se trouvera même des évêques.

« En l'année 1864, Lucifer, avec un grand nombre de démons, sera détaché de l'enfer.

« Ils aboliront la foi peu à peu, même dans des personnes consacrées à Dieu. Ils les aveugleront d'une telle manière, qu'à moins d'une grâce particulière, ces personnes prendront l'esprit de ces mauvais anges.

« Les mauvais livres abonderont sur la terre. Les esprits de ténèbres répandront partout un relâchement universel pour tout ce qui regarde le service de Dieu ; ils auront un très grand pouvoir sur la nature. Il y aura des églises pour servir ces esprits.

« Le Vicaire de mon Fils aura beaucoup à souffrir, parce que, pour un temps, l'Eglise sera livrée à de grandes persécutions.

« Ce sera le temps des ténèbres.

« L'Eglise aura une crise affreuse.

« La sainte foi de Dieu étant oubliée, chaque individu voudra se guider par lui-même et être supérieur à ses semblables. On abolira les pouvoirs civils et ecclésiastiques ; tout ordre et toute justice seront foulés aux pieds. On ne verra qu'homicide, haine, jalousie, mensonge et discorde sans amour pour la patrie, ni pour la famille.

« Le Saint-Père souffrira beaucoup. Je serai avec lui jusqu'à la fin pour recevoir son sacrifice.

« Les méchants attenteront plusieurs fois à sa vie, sans pouvoir nuire à ses jours ; *mais ni lui, ni son successeur*.... ne verront le triomphe de l'Eglise de Dieu.

« Les gouvernants civils auront tous un même dessein qui sera d'abolir et de faire disparaître tout principe religieux, pour faire place au matérialisme, à l'athéisme, au spiritisme, et à toutes sortes de vices.

« Que ceux qui sont à la tête des communautés religieuses se tiennent en garde à l'égard des personnes qu'ils doivent recevoir ; parce que le démon usera de toute sa malice pour introduire dans les ordres religieux des personnes adonnées au péché. Car les désordres et l'amour des plaisirs charnels seront répandus par toute la terre.

« La France, l'Italie, l'Espagne et l'Angleterre seront en guerre. Le sang coulera dans les rues ; le Français se battra avec le Français, l'Italien avec l'Italien. Ensuite il y aura une guerre générale qui sera épouvantable. Pour un temps, Dieu ne se souviendra plus de la France, ni de l'Italie, parce que l'Evangile de Jésus-Christ n'est plus connu. Les méchants déploieront toute leur malice ; on se tuera, on se massacrera mutuellement jusque dans les maisons.

« Au premier coup de son épée foudroyante, les montagnes et la nature entière trembleront d'épouvante, parce que les désordres et les crimes des hommes percent la voûte des cieux.

« Paris sera brûlé et Marseille englouti.

« Plusieurs grandes villes seront ébranlées et englouties par des tremblements de terre : on croira que tout est perdu.

« On ne verra qu'homicides, on n'entendra que bruits d'armes et que blasphèmes.

« Les justes souffriront beaucoup ; leurs prières, leur pénitence et leurs larmes monteront jusqu'au ciel. Tout le peuple de Dieu demandera pardon et miséricorde, et implorera mon aide et mon intercession.

« Alors Jésus-Christ, par un acte de sa justice et de sa grande miséricorde pour les justes, commandera à ses anges que tous ses ennemis soient mis à mort. Tout à coup les persécuteurs de l'Eglise de Jésus-Christ et tout les hommes adonnés au péché périront, et la terre deviendra comme un désert.

« Alors se fera la paix, la réconciliation de Dieu avec les hommes, Jésus-Christ sera servi, adoré et glorifié ; la charité fleurira partout.

« Les nouveaux rois seront le bras droit de la sainte Eglise, qui sera forte, humble, pieuse, pauvre, zélée et imitatrice des vertus de Jésus-Christ.

« L'Evangile sera prêché partout et les hommes feront de grands progrès dans la foi, parce qu'il y aura union parmi les ouvriers de Jésus-Christ, et que les hommes vivront dans la crainte de Dieu.

« Cette paix parmi les hommes ne sera pas longue ; vingt-cinq ans d'abondantes récoltes leurs feront oublier que les péchés des hommes sont cause de toutes les peines qui arrivent sur terre.

« Un avant-coureur de l'Antéchrist avec ses troupes de plusieurs nations combattra contre le vrai Christ, le seul Sauveur du monde ; il répandra beaucoup de sang, et voudra anéantir le culte de Dieu pour se faire regarder comme un Dieu.

« La terre sera frappée de toutes sortes de plaies (outre la peste et la famine qui seront générales) ; il y aura des guerres jusqu'à la dernière guerre qui sera alors faite par les dix rois de l'Antéchrist, lesquels rois auront tous un même dessein et seront les seuls qui gouverneront le monde.

« Avant que cela arrive, il y aura une espèce de fausse paix dans le monde ; on ne pensera qu'à se divertir ; les méchants se livreront à toutes sortes de péchés. Mais les enfants de la sainte Eglise, les enfants de la foi, mes vrais imitateurs, croîtront dans l'amour de Dieu et dans les vertus qui me sont les plus chères. Heureuses les âmes humbles conduites par l'Esprit-Saint ! Je combattrai avec elles jusqu'à ce qu'elles arrivent à la plénitude de l'âge.

« La nature demande vengeance contre les hommes, et elle frémit d'épouvante dans l'attente de ce qui doit arriver à la terre souillée de crimes.

« Tremblez, terre, et vous qui faites profession de servir Jésus-Christ et qui au dedans vous adorez vous-mêmes, tremblez ; car Dieu va vous livrer à son ennemi, parce que les lieux saints sont dans la corruption ; beaucoup de couvents ne sont plus les maisons de Dieu, mais les pâturages d'Asmodée et des siens.

« Ce sera pendant ce temps que naîtra l'Antéchrist d'une Israélite, fausse vierge, qui aura communication avec le vieux serpent.

« En naissant, il vomira des blasphèmes, il aura des dents ; en un mot, il sera comme serait le diable incarné. Il poussera des cris effrayants.

« Il fera des prodiges, il ne se nourrira que d'impuretés.

« Il aura des frères qui, quoiqu'ils ne soient pas comme lui possédés du démon, seront des enfants de mal. A douze ans, ils se feront remarquer par les vaillantes victoires qu'ils remporteront ; bientôt, ils seront chacun à la tête des armées, assistés par des légions de l'enfer.

« Les saisons seront changées ; la terre ne produira que de mauvais fruits. Les astres perdront leurs mouvements réguliers, la lune ne reflètera qu'une faible lumière rougeâtre. L'eau et le feu donneront au globe de la terre des mouvements convulsifs et d'horribles tremblements de terre qui feront engloutir des montagnes, des villes, etc.

« Rome perdra la foi et deviendra le siège de l'Antéchrist.

« Les démons de l'air avec l'Antéchrist feront de grands prodiges sur la terre et dans les airs, et les hommes se pervertiront de plus en plus. Dieu aura soin de ses fidèles serviteurs et des hommes de bonne volonté.

« L'Evangile sera prêché partout ; tous les peuples et toutes les nations auront connaissance de la vérité.

« J'adresse un pressant appel à la terre ; j'appelle les vrais disciples du Dieu vivant et régnant dans les cieux ; j'appelle les vrais imitateurs du Christ fait homme, le seul et vrai Sauveur des hommes ; j'appelle mes enfants, mes vrais dévots, ceux qui se sont donnés à moi pour que je les conduise à mon divin Fils, ceux que je porte pour ainsi dire dans mes bras, ceux qui ont vécu de mon esprit ; enfin j'appelle les apôtres des derniers temps, les fidèles disciples de Jésus-Christ qui ont vécu dans un mépris du monde et d'eux-mêmes, dans la pauvreté et dans l'humilité, dans le mépris et dans le silence, dans l'oraison et dans la mortification, dans la chasteté et dans l'union avec Dieu, dans la souffrance et inconnus du monde. Il est temps qu'ils sortent et viennent éclairer la terre. Allez, et montrez-vous comme mes enfants chéris ; je suis avec vous et en vous, pourvu que votre foi soit la lumière qui vous éclaire dans ces jours de malheurs. Que votre zèle vous rende comme des affamés pour la gloire et l'honneur de Jésus-Christ ! Combattez, enfants de lumière, vous, petit nombre qui y voyez, car voici le temps des temps, la fin des fins.

« L'Eglise sera éclipsée ; le monde sera dans la consternation.

« Mais voilà Enoch et Elie remplis de l'Esprit de Dieu ; ils prêcheront avec la force de Dieu. Les hommes de bonne volonté croiront en Dieu, et beaucoup d'âmes seront consolées. Ils feront de grands progrès par la vertu du Saint-Esprit et condamneront les erreurs diaboliques de l'Antéchrist.

« Malheur aux habitants de la terre ! il y aura des guerres sanglantes et des famines ; des pestes et des maladies contagieuses. Il y aura des pluies d'une grêle effroyable d'animaux, des tonnerres qui ébranleront des villes, des tremblements de terre qui engloutiront des pays. On entendra des voix dans les airs ; les hommes se battront la tête contre les murailles, ils appelleront la mort, et d'un autre côté elle fera leur supplice ; le sang coulera de tous côtés. Qui pourra vaincre, si Dieu ne diminue le temps de l'épreuve ? Par le sang, les larmes et les prières des justes, Dieu se laissera fléchir.

« Enoch et Elie seront mis à mort.

« Rome païenne disparaîtra.

« Le feu du ciel tombera et consumera trois villes. Tout l'univers sera frappé de terreur, et beaucoup se laisseront séduire parce qu'ils n'ont pas adoré le vrai Christ vivant parmi eux. Il est temps ; le soleil s'obscurcit ; la foi seule vivra.

« Voici le temps, l'abîme s'ouvre. Voici le roi des rois des ténèbres. Voici la bête avec ses sujets, se disant le sauveur du monde. Il s'élèvera avec orgueil dans les airs pour aller jusqu'au ciel ; il sera étouffé par le souffle de saint Michel, archange. Il tombera ; et la terre qui depuis trois jours sera en de continuelles évolutions, ouvrira son sein plein de feu ; il sera plongé pour jamais avec tous les siens dans les gouffres éternels de l'enfer.

« Alors l'eau et le feu purifieront la terre et consumeront toutes les œuvres de l'orgueil des hommes, et tout sera renouvelé. Dieu sera servi et glorifié. »

Tel est ce fameux secret. Remarquons que ce fut, après l'avoir donné, que la Sainte Vierge dit aux enfants : « S'ils se convertissent, les pierres et les rochers se changeront en monceaux de blés, etc. » Les prophéties comminatoires contenues dans le secret étaient donc au moins conditionnelles. Qui nous dit que le secret de Maximin n'indiquait pas à Pie IX quel serait le signe de la miséricorde? Qui nous dit que ce signe n'est pas l'apparition de Lourdes, où, dans la riante grotte des roches Massabielles, nous ne trouvons plus la montagne austère de la Salette, mais des paroles d'espérance qui font contraste avec les menaces d'autrefois. Là-bas c'était la Sinaï avec ses éclairs, ici c'est un doux rayon de soleil qui vient éclairer le rosier auprès duquel des générations d'hommes accourent s'agenouiller pleins de confiance, à la suite d'un enfant comme le Christ les aimait pendant son passage ici-bas, la pauvre petite Bernadette, la fille du meunier Soubirous.

Si, comme le vit la mère Steiner, la Sainte Vierge a arrêté les châtiments, parmi lesquels devait se trouver la fin des temps, Notre-Dame de Lourdes n'est-elle pas l'arc-en-ciel, gage de paix et de pardon?

Sous ses auspices, nous voulons finir cette étude, ayant eu plusieurs fois le bonheur de prier au bord du Gave, en ces lieux où nous plaindrions l'homme de ne pas se sentir un peu plus près du ciel. Au moment où l'on veut nous arracher nos enfants, souvenons-nous qu'elle apparut aussi aux enfants de Pontmain pour leur dire : « Lorsque tout aura paru fini; il faudra encore prier, car Dieu vous exaucera en peu de temps ; mon Fils se laisse toucher. »

Les gens de peu de foi se découragent et ne voient que les catastrophes; nous qui croyons, nous pensons que Dieu est assez fort pour vaincre son ennemie, la Franc-Maçonnerie. Quand cela arrivera-t-il?

Je l'ignore. Mais, comme rien n'est éternel ici-bas, le désordre l'est encore moins, et si celui qui doit sauver la France doit régner, cela indique que les temps fixés sont plus proches que ne le croient ceux qui comptent seulement sur la politique humaine.

Il est clair que, même pour ceux qui rient de la politique des miracles, la France sans un miracle est perdue ; or, nous espérons malgré tout dans l'avenir de notre patrie, dont Dieu veut peut-être encore se servir.

Est-ce à dire qu'il faut passer son temps à rêver de prophéties? Non. Ou plutôt il en est une qu'il ne faut pas oublier : *Quæ seminaverit homo, hæc et metet ;* l'homme récoltera ce qu'il aura semé.

Donc, énergie et courage, guerre sans trêve ni merci à la révolution sous n'importe laquelle de ses formes.

Un homme de concession pourra toujours faire l'affaire des Loges ; mais, pour être chrétien, il faut plus que jamais savoir se montrer irréconciliable.

CONCLUSION

Et maintenant essayons de conclure en faisant la synthèse de toutes les vérités que nous avons pu faire jaillir de cette multitude de documents hétérogènes; en un mot, résumons-nous.

Tout d'abord voyons, au flambeau de l'histoire et des prophéties, Dieu préparant depuis quatorze siècles l'établissement d'un immense empire chrétien dont les rois de France doivent être les chefs temporels et qui durera jusqu'à ce que l'Antéchrist, détruisant le Saint-Empire, prépare la prépondérance aux Juifs, redevenus le peuple de Dieu.

Lorsqu'au IVe siècle, disent les légendes, le monde s'en allait croulant sous les coups des barbares, et qu'il semblait que l'Eglise devait périr, un ange vint un jour consoler un pieux ermite et il lui dit : « Va dans la ville de Laon, vers une dame nommée Célinie, et dis-lui qu'elle aura un fils qu'elle appellera Remi; ce sera lui qui remédiera aux maux dont l'Eglise est accablée. Et, pour preuve de la vérité de cette prophétie, quand l'enfant sera né, tu prendras du lait de la mère dont tu te frotteras les yeux et tu recouvreras la vue. Montan, — c'était le nom de l'ermite aveugle, — fit selon la parole de l'ange, il recouvra la vue et l'enfant fut appelé Remigius et Remedius, pilote et guérisseur, à cause du rôle providentiel que Dieu lui destinait.

Nous avons vu comment il prédit à Clovis les grandeurs de la France catholique, puis nous avons rappelé la fondation de l'empire éphémère de Charlemagne auquel succéda un empire allemand qui n'eut guère souci de défendre les droits de l'Eglise.

Invasions normandes et musulmanes, guerres intestines, tels furent les fléaux, et ce fut beaucoup si les papes, en suscitant les croisades et en combattant l'usurpation des pouvoirs civils, la simonie et l'incontinence des clercs, purent sauver l'Eglise.

Le XIIIe siècle fut une époque de renaissance religieuse, les deux grands Ordres de Saint-Dominique et de Saint-François ressuscitèrent la vie chrétienne, et le flambeau à demi-éteint de la science sacrée se ralluma.

Hélas ! le triomphe fut de courte durée, Philippe le Bel parut, et, au milieu de la corruption générale, un saint Vincent Ferrier put annoncer la fin des temps alors que la France paraissait devenir la proie d'une Maison anglaise. Alors Dieu se laissa toucher, saint Charlemagne et saint Louis avaient prié et le gardien de la France, saint Michel, nous envoya Jeanne d'Arc.

Ce ne fut pas la victoire définitive. L'hérésie protestante désola l'Europe, la secte abominable et à jamais maudite du Jansénisme lui succéda comme un corollaire auquel allaient bientôt se joindre le Gallicanisme, le Philosophisme, la Révolution, qui, chargés de saper l'Eglise romaine dans ses fondements, devaient être les préludes du châtiment suprême.

Notre siècle heureusement a eu ses victimes volontaires, Marie de Mœrl, Anna-Maria Taïgi, Elisabeth Canori-Mora ; il a vu se propager le scapulaire de la Passion, la confrérie réparatrice des blasphêmes, la médaille miraculeuse; il est allé prier à la Salette, à Lourdes, à Jérusalem.

Dans sa rage, l'esprit du mal semble n'avoir qu'un objectif: corrompre par tous les moyens imaginables et il jouit de son triomphe momentané.

Qu'arrivera-t-il?

A l'heure qu'il a fixée, Dieu interviendra, et, quand tout sera perdu, Jésus-Christ, selon qu'il le révélait, il y a quelques années, à l'une de ses fidèles servantes, sauvera tout, et nul autre que lui ne pourra dire : C'est moi qui l'ai fait.

Ce sera l'aurore de l'ère splendide et magnifique de la régénération. L'Eglise reprendra le rang qui lui est dû, les Ordres religieux fleuriront, les pays catholiques rejetteront le poison des doctrines révolutionnaires, l'Angleterre mettra sa puissance colossale au service de la foi et redeviendra l'île des saints, le Nord secouera le manteau glacé de l'hérésie, la Pologne renaîtra et la Chine elle-même recevra la vraie foi.

Nos arrière-petits-fils ne verront pas la fin, et c'est alors sans doute que sera accomplie dans son entier la prophétie de Reims.

Puis les peuples s'amolliront, le saint empire romain s'effondrera, on verra ce qu'a annoncé la grande sainte Hildegarde, la foi jettera un dernier éclat et la corruption appellera l'Antéchrist. Enoch et Elie reviendront pour mourir, puis, quand l'Antéchrist aura été foudroyé, le peuple juif se fera chrétien.

Enfin, après un temps que personne ne sait, le genre humain se livrera à la dépravation finale et Celui que les hommes auront bafoué viendra juger le monde.

Il est probable que plus de mille années nous séparent encore de l'Antéchrist, et toutes ces prédictions annonçant la fin prochaine, la destruction de Paris, l'avènement du Grand Pape et du Grand Roi, etc., etc., nous semblent des productions apocryphes ou diaboliques.

On le voit donc, le XIIIe siècle ne fut pas l'apogée du triomphe de l'Eglise. Il fut beau sans doute, mais Dieu réservait à des siècles plus heureux un âge d'or plus long et plus complet. Selon toute apparence, l'avènement providentiel de cet âge sera comparable à la délivrance de la France au XVe siècle, ce sera celui qui fut salué à travers les temps par les Remi, les Hildegarde, les Brigitte, les Catherine de Sienne.

Je sais qu'à cela on me répondra en me demandant comment, les mêmes effets produisant toujours les mêmes causes, la France si éloignée de l'idéal chrétien et qui a pour base de son droit public l'indifférentisme et la négation, méritera de se relever jusqu'à l'apogée que nous avons décrit.

Nous répondrons que nous ne sommes ni prophète, ni fils de prophète, et que le plus grand miracle ne serait pas le retour de la Maison de France, mais le changement des esprits. Contrairement aux sceptiques, nous croyons que Dieu à des ressources infinies, et, s'il daigne encore se servir de la France, — ce que nous espérons, — les forces humaines ne lui seront point un obstacle.

Si Dieu veut nous remettre à la tête du monde, il ne nous laissera pas sans doute dans ce que M. Naquet a appelé le provisoire perpétuel ; il ne réservera pas à sa nation chérie de nouveaux jours de gloire conquis grâce aux rossignols et aux pinces-monseigneur ; il ne jettera pas non plus à tout jamais la France dans les bras d'une dynastie d'aventure établie sur les principes contradictoires de la souveraineté du nombre et de l'hérédité et qui régna deux fois pour persécuter, sous l'égide des sociétés secrètes, le Pontife suprême ; il se souviendra de cette France, qui, quoiqu'il arrive, sera l'objet de nos suprêmes amours, de cette France de Charlemagne, de saint Louis, de Philippe-Auguste, de cette France qui fut la fille aînée de l'Eglise, de cette France qui fit les croisades, de cette France qui, même écrasée, ose espérer encore en tournant ses regards vers cette belle famille, nombreuse tribu de princes et de princesses, objet de l'envie de tous les pays, et qui forme la couronne que les vrais Français saluent du nom incomparable de Maison de France.

Et puisque nous venons d'écrire sur les prophéties, terminons par un souvenir personnel que nous avons inséré dans notre *Pélerinage à Lucerne*, espérant également qu'il pourra se changer en prophétie. Nous écrivions en 1871, ne soupçonnant pas que nous ne devions plus revoir notre Roi bien-aimé si ce n'est dans un monde meilleur :

« Nous nous rappelons qu'attristé de tous nos malheurs, sans cependant perdre courage, nous osions exprimer devant le Roi cette pensée que Dieu finirait par avoir pitié de nous, et il nous répondit : « Oh ! certainement, je ne doute pas du succès : j'ai « la foi. » Telle fut la dernière parole que nous adressa Henri V. »

Tel doit être aussi notre dernier mot, résumé de

ces pages sorties de notre plume de Chrétien et de Français pour être offertes à quiconque ne veut pas désespérer du sort de la patrie.

Pour nous, et comme conclusion de nos études, trois faits sont absolument certains :

1° La Maison de France remontera sur le trône de saint Louis. Nous aussi nous avons la « foi »; nous aussi, nous ne doutons pas du triomphe définitif du droit monarchique et national.

2° Un prince de cette famille des lys consacrera notre pays au Sacré-Cœur, selon la volonté formelle de Jésus-Christ.

3° C'est après cet acte que s'accomplira dans son entier la prophétie de Reims.

Donc, quoi qu'il arrive, énergie, union, espérance invincible.

NOTE. — La question posée à la fin de la page 33 et à laquelle la mort vient, hélas ! de répondre, montrera au lecteur que nous écrivions à l'heure où l'on pouvait encore espérer le rétablissement de M. le Comte de Chambord.

BIBLIOTHÈQUE NATIONALE R.F. IMPRIMÉS

VERSAILLES. — L. RONCE, IMPRIMEUR, RUE DU POTAGER, 9.

59

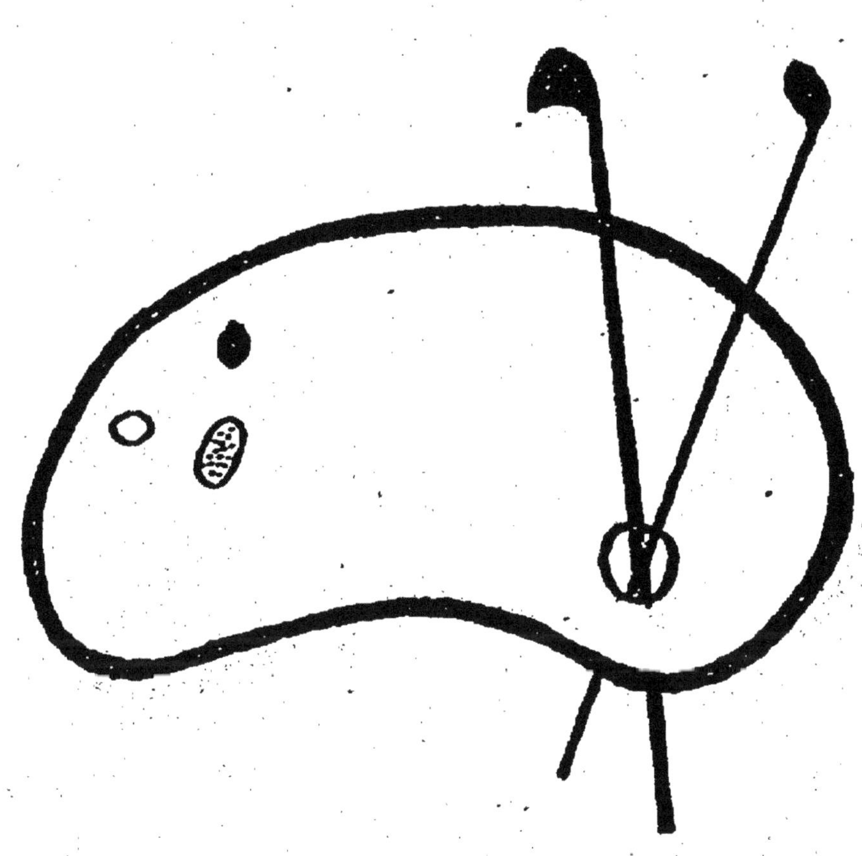

ORIGINAL EN COULEUR
NF Z 43-120-8

www.ingramcontent.com/pod-product-compliance
Ingram Content Group UK Ltd.
Pitfield, Milton Keynes, MK11 3LW, UK
UKHW021100200726
13857UKWH00003B/1026